本书为河南财经政法大学华贸金融研究院2019年度项目
发展质量与发展战略研究"（HYK-2019013）阶段性成

农民增收与
农村金融发展

Farmer's income growth and
rural financial development

杨鑫瑶 ／ 著

经济管理出版社

ECONOMY & MANAGEMENT PUBLISHING HOUSE

图书在版编目（CIP）数据

农民增收与农村金融发展/杨鑫瑶著 . —北京：经济管理出版社，2022.7
ISBN 978-7-5096-8586-0

Ⅰ.①农…　Ⅱ.①杨…　Ⅲ.①农民收入—收入增长—研究—中国②农村金融—经济发展—研究—中国　Ⅳ.①F323.8②F832.35

中国版本图书馆 CIP 数据核字（2022）第 118210 号

组稿编辑：杨　雪
责任编辑：杨　雪
助理编辑：王　蕾
责任印制：黄章平
责任校对：董杉珊

出版发行：经济管理出版社
　　　　　（北京市海淀区北蜂窝 8 号中雅大厦 A 座 11 层　100038）
网　　址：www.E-mp.com.cn
电　　话：（010）51915602
印　　刷：唐山昊达印刷有限公司
经　　销：新华书店
开　　本：720mm×1000mm/16
印　　张：12
字　　数：170 千字
版　　次：2022 年 8 月第 1 版　　2022 年 8 月第 1 次印刷
书　　号：ISBN 978-7-5096-8586-0
定　　价：78.00 元

前　言

　　党的十九大创新性地提出了乡村振兴战略，乡村振兴战略总要求的落脚点是农民富裕，关键是促进农民增收。事实上，农民收入一直是"三农"问题的核心，如何建立促进农民增收的长效机制、保持农民收入持续稳定增长是困扰我国已久的经济难题。农民收入问题之所以长期难以解决，主要根源在于要素资源配置的不均衡，而金融资源配置的失衡则是影响农民收入的重要因素。因此，为促进农民增收和实现乡村振兴，党中央、国务院高度重视发挥农村金融在服务"三农"中的核心作用：自2003年以来，中央坚定不移地推进农村信用社深化改革等一系列重要改革，出台多项扶持政策，加快农村金融创新发展。农村金融服务体系日益健全，农村金融服务能力显著增强，农村金融生态环境持续改善，为促进农村经济发展和农民增收发挥了重要作用。2021年，《中共中央　国务院关于全面推进乡村振兴加快农业农村现代化的意见》作为21世纪以来党中央连续发出的第十八个中共一号文件，充分体现了党中央对"三农"问题一以贯之的高度重视。"十四五"规划中，国家明确提出将农村作为未来的发展重心，并明确提出加大力度推动农村改革发展，提高农村居民的收入水平，改善农村居民的基本生活，并逐步推进乡村振兴战略。2021年，全国"两会"提出："三农"工作的重心从脱贫攻坚转向全面推进乡村振兴，促进农业稳定发展和农民增收。由此可见，实现农民收入可持续增长已经上升到了国家战略高度，对于全面建设社会主义现代化国家、实现第二个百年奋斗目标，都具有重要作用。

那么，农村金融发展能否有效促进农民收入增长？不同区域，农村金融发展对农民增收的影响是否存在差异？对于不同收入水平的农民，农村金融的增收效应是否具有异质性特征？更为重要的问题是，农村金融发展促进农民增收的影响机制是怎样的？

上述问题的解答，不仅能为发展农村金融、促进农民增收、支持乡村振兴建设提供重要的理论和现实依据，还为避免在农村金融支持乡村振兴建设中出现金融供给与金融需求结构不匹配的失衡现象以及提高农村金融资源配置效率具有重要的参考意义。同时，在乡村振兴背景下，农村金融服务会面临多元化、多层次的金融需求，如何将金融资源配置到农村经济发展的重点领域和薄弱环节，进而促进农村经济发展，实现农民收入可持续增长，对建立健全金融服务乡村振兴的市场体系、组织体系和产品体系，推动城乡融合发展具有重要的理论和现实意义。

在此背景下，本书围绕农民增收与农村金融发展这一核心问题，系统地探讨了"农村金融发展能否促进农民增收""不同地区农村金融发展对农民增收的影响是否存在差异""农村金融增收效应的异质性特征""农村金融发展对农民增收的影响机制"四个主要问题，得到以下基本结论：一是农村金融发展能够促进农村资源和资金的有效配置，从而提高农村经济的运行效率，促进农村经济增长，进而为农民提供更多的就业机会和社会福利，有利于农民收入增长。二是农村金融发展对农民增收的促进作用存在区域差异。在农村金融发展水平较高的东部地区，农村金融显著促进农民收入增长；在农村金融水平欠发达的中部地区，农村金融发展对农民增收的促进作用较小；在农村金融发展水平落后且分化严重的西部地区和东北地区，农村金融发展不仅没有促进农民增收，反而抑制了农民收入增长。三是在不同收入水平下，农村金融发展对农民增收的影响存在差异。在农民收入水平较低时，农村金融发展抑制农民收入增长；在农民收入位于中等水平时，农村金融发展对农民增收的促进作用较小；在农民收入水平较高时，农村金融发展能够显著促进农民增收。

目　录

1　导论

1.1　研究背景及研究意义

1.1.1　研究背景

"农稳天下安。"农业、农村、农民问题事关国计民生，解决好"三农"问题历来是政府工作的重中之重。2021 年，《中共中央　国务院关于全面推进乡村振兴加快农业农村现代化的意见》作为 21 世纪以来党中央连续发出的第十八个中共一号文件，充分体现了党中央对"三农"问题一以贯之的高度重视。"十四五"规划中国家明确提出将农村作为未来的发展重心，并明确提出加大力度推动农村改革发展，提高农村居民的收入水平，改善农村居民的基本生活，并逐步推进乡村振兴战略。2021 年，全国两会提出："三农"工作的重心从脱贫攻坚转向全面推进乡村振兴，促进农业稳定发展和农民增收。农民问题是"三农"问题的核心，农业和农村问题的解决，最终都要落实到农民问题的解决上，而实现农民收入可持续增长则是解决农民问题的关键所在。由此可见，实现农民收入可持续增长已经上升到国家战略高度，对于全面建设社会主义现代化国家、实现第二个百年奋斗目标，都具有重要作用。

实施乡村振兴战略，离不开要素的合理配置和资金的支持。大力发展综合性、有特色、普惠性的农村金融体系，将金融资源从城市向农村的单向流动转变为城乡之间的双向流动，引导社会上更多的资金投向农村，满足农村发展的融资需求和贫困人口的金融扶持，是推动农业农村发展的重要力量。当前我国农业农村发展持续向好，为农村金融发展提供了广阔的空间和良好的条件，也对农村金融体系、金融产品和金融服务创新提出了更高的要求。

1.1.2 研究意义

据 1978~2021 年《中国统计年鉴》数据分析，改革开放以来至 2020 年，农村人口占总人口的比重从 82.08% 下降到了 36.11%，虽然中国农村人口占比逐渐下降，但仍在总人口中占据较大比重。中国作为一个农业大国，如何加快农业农村经济发展、增加农民收入、确保广大农民安居乐业，关系到经济发展、社会稳定，关系到国家富强和民族振兴。

当前，我国城乡经济发展不均衡问题依然存在，农村经济发展缓慢，农民缺乏稳定的增收保障，导致城乡收入差距一直较大。近年来，随着国家对"三农"问题的高度重视，城乡收入差距有所减小。我国以城乡收入之比衡量的城乡收入差距呈现倒"U"形变化趋势，1997~2003 年，城乡收入差距迅速扩大，随后城乡收入差距扩大的速度放缓，2007 年，城乡收入差距达到最大，为 3.14 倍，之后城乡收入差距逐步缩小，到 2020 年，城乡收入差距已减小到 2.56 倍，但城乡收入差距仍然悬殊[①]。因此，实现农民收入可持续增长，进而缩小城乡收入差距，是实现国民经济稳定协调发展、国家长治久安的重要保障。

---

① 城乡居民人均可支配收入数据来源于 1978~2021 年《中国统计年鉴》，城乡收入差距采用城镇居民人均可支配收入与农村居民人均可支配收入的比值来衡量。

在乡村振兴背景下，农村金融服务面临多元化、多层次的金融需求，如何将金融资源配置到农村经济发展的重点领域和薄弱环节，进而促进农村经济发展，实现农民收入可持续增长，对建立健全金融服务乡村振兴的市场体系、组织体系和产品体系，推动城乡融合发展具有重要的理论和现实意义。

1.2   文献综述

关于农民增收与农村金融发展的研究已经很多，本书依据研究视角的不同将其分为农民收入的文献、农村金融发展的文献和农村金融发展与农民增收关系的文献。农民收入的文献主要是关于农民收入概念界定、农民收入的影响因素、农民收入现状及农民增收难的原因和促进农民增收的对策建议；农村金融发展的文献主要是关于农村金融概念界定、发展历程、发展现状及面临的问题和发展对策的研究；而农民增收与农村金融发展关系的文献主要通过建立计量模型进行实证分析，探究两者之间的作用机制。

1.2.1   关于农民收入的文献综述

根据国家统计局在《中国统计年鉴》中的定义，按照计算方法可以将农民收入分为总收入和纯收入，按照收入来源又可分为家庭经营收入、工资性收入、财产净收入和转移支付收入。

（1）农民收入的影响因素

韩俊（2009）认为影响我国农民收入增长的制度性因素主要有以下几方面：农民进入市场的组织化程度、农民土地权益、对农业的支持和保护制度、农村金融服务、城乡居民所享有的公共服务差距以及城乡劳动者的就业制度。张士斌等（2011）通过回归分析全国31个省份1985~2008年农民收入与其影响因素之间的关系，发现人力资本要素对农民增收影响最明显，物质资本和劳动力流动对农民增收有显著的正向影响，而农业种植结构变化对农民收入的影响不显著。王宏和王溪洁（2011）通过主成分分析与多元回归分析发现农业结构、财政支农结构、农民的教育水平和农村劳动力转移均可以影响农民收入水平。姜长云（2013）分析了影响农民增收的中长期因素，主要有城镇化、老龄化、信息化和新型工业化、农业发展方式、资源要素资本化和垄断深化、特殊困难地区的扶贫问题六个因素。陈乙酉和付国元（2014）根据国外、国内学者的研究分析了影响农民收入增长的因素。国外学者认为政府政策、人力资本、农业发展模式创新和自然气候条件对农民收入产生影响；国内学者认为土地制度、财政支农、人力资本以及农村金融因素对农民收入增长产生影响，具体何种因素影响我国农民收入增长还要根据我国的情况来判断。张红宇（2015）基于新常态的背景认为国民经济发展与全球经济一体化均与农民收入息息相关。贾立（2015）通过实证分析发现，农业基础面因素、农业科技面因素对农民增收有正向作用，农村金融与资本因素对农民增收有负向作用，且农业基础面因素对农民增收的影响显著大于另外两方面因素。李晓龙和郑威（2016）基于国外学者和国内学者的视角分析了影响农民收入增长的因素；国外学者通过构建二元经济理论、倒"U"形曲线理论、人力资本理论、制度创新理论和人口流动理论来分析影响农民增收的因素；国内学者通过实证研究，发现制度化缺陷、城镇化发展、农村金融发展、人力资本投资以及农业科技进步对农民增收产生影响。张德华（2016）通过对黑龙江省农民收入的现状进行分析，对农民收入的九大影响因素进行研究，分别包括：自然环境、农民自身、政策、市场、金融支持、科技、规模经营、基础设施、城镇化及乡镇企业发展。总体来看，政策、市场和金融支持对农民收入有较大影响，是农民收入增长的关键因素；农户自身、科技、规模经营和基础设施因素是生产投入因素，是农民收入的重要影响因素；自然环境、城镇化和乡镇企业发展是外部环境因素，对收入具有长期、潜在影响。

（2）农民收入现状及农民增收难的原因

韩俊（2009）从制度因素方面分析我国农民增收中存在的问题，包括农民进入市场的组织化程度低，农民土地权益缺乏有效保障，农业支持、保护制度不健全，农村金融服务落后，城乡居民所享有的公共服务差距过大，城乡劳动者就业制度不平等。杨向飞和翟彬（2010）分析了农民收入来源结构的变化，认为农业收入占比下降，非农业收入占比上升，财产净收入和转移净收入近年来持续增加，成为促进农民增收的新力量，但是农民收入和城镇居民收入差距逐渐扩大。黄邦根（2010）认为我国农民收入增长缓慢的原因是农村剩余劳动力转移受阻和农村劳动力的素质较低。王朝才和胡振虎（2010）指出农民收入增长面临的新压力：家庭经营净收入波动较大、工资性收入面临下滑、财产净收入增长受到制度约束以及转移净收入增长空间较小。舒银燕（2011）分析了改革开放后我国农民收入的增长状况，发现农民收入增长缓慢，在财富分配中处于弱势地位，该研究表明，因为缺少用于经济资源的机会、农民自我发展能力较弱、政府缺位和利益表达机制不通畅等导致农民收入增长缓慢。黄丹（2012）指出新时期农民收入增长缓慢，并分析了其主要原因：直接原因是农民负担过重，深层原因是农民就业不充分，根本原因是农产品结构性过剩，重要原因是农民文化素质不高，首要原因是农业基础地位薄弱。

杨楠（2013）将制约农民增收的因素分为农业内部因素和农业外部因素。农业内部因素包括农村耕地较少、产业结构不合理、农产品科技含量低和农民文化素质水平不高；农业外部因素包括农民就业困难、农产品市场建设不完善和城乡二元结构的制度缺陷。王承宗（2014）首先通过分析 2000～2010 年全国及东部、中部、西部地区的农民收入情况，发现我国农民收入总体上呈持续增长态势，且东部、中部、西部地区农民收入增速的差距逐渐缩小。其次分析了我国农民增收的动态结构变化：一是收入来源多元化，但农业收入仍是农民收入的主要来源；二是家庭经营性收入比重逐年下降，工资性收入的贡献却逐渐增加;三是财产净收入和转移净收入较快增长,但所占份额较少。最后对比分析了东部、中部、西部地区农民收入的内部结构变化。李伟(2017)从三个方面研究了农民收入增长所面临的困境,研究表明农民收入面临进入低速增长的挑战,城乡二元户籍制度、产权不清晰的农村土地制度以及滞后的制度创新、种植业成本较高等因素制约了农民增收。此外,还存在农业技术的供给不足,农户对农业技术成果的需求不足,农业技术成果的应用和转化困难等困境。温涛等(2018)对改革开放以来我国农民收入增长的总体态势进行分析,并研究了城乡收入差距形成且不断扩大的原因,包括:农民收入增长的农业基础不牢固,推进农业现代化仍然存在很多困难;农民的收入结构失衡,非农业收入的增加途径不畅通;农资价格上涨较快,而农产品价格不合理;长期实施以城市为导向的发展战略,从而导致农业发展滞后。

综上所述,农民收入增长所面临的问题主要有以下几个方面:一是制度因素的影响,如城乡二元户籍制度,使城乡居民所享受的公共服务有较大差距,制约了农民收入增长;农村土地制度制约了农业生产的生产要素,从而影响农民收入增长。二是农村生产资料价格上涨较快,而农产品价格较低或不合理,影响农民的农业收入增长。三是农民的就业问题,农民工就业困难且农村剩余劳动力的转移受到多种因素的制约,影响农民的工资性收入。四是农民的受教育程度较低,素质水平有待提高。五是农村金融发展滞后,对农民创业、乡镇企业的支持力度较小,没有发挥出其对农村经济发展和农民收入增长的促进作用。

(3)促进农民增收的发展对策

李清亮(2009)分别从供给与结构两方面提出解决农民增收问题的政策,他认为需要完善农村金融服务,改善农村的基础设施建设,加大对农业农村的扶持力度,提高农业的生产效率,同时需要调整劳动力的供给与需求结构,合理配置农村剩余劳动力资源。杨向飞和翟彬(2010)提出建立健全城乡统一的劳动力市场,提升农业的核心竞争力,增强农村的人力资本要素,提升农民的抗风险能力。黄邦根（2010）的研究表明城乡二元户籍制度以及农村土地制度改革，进而更好地促进农村剩余劳动力的转移，也要加大对农村人力资本的投入，提高农民的素质水平。张士斌等（2011）通过分析影响农民收入增长的多种要素，提出了增加农民收入的建议：一是提高农村的人力资本水平，提升农民的知识和技能；二是加大国家对农业的科技投入以及政策支持；三是改革和完善农村土地制度，加快农村土地资本化步伐；四是完善农村的社会保障制度。黄丹（2012）基于新时期下农民收入增长缓慢的情况，提出了增加农民收入的路径：一是构建多元的农业资金投入体系；二是统筹城乡一体化发展；三是改革农村经济体制和农业科技体制；四是提高农民素质水平；五是加快农村土地制度、农产品价格调控体系的创新。杨楠（2013）认为解决农民增收问题需要明确政府在促进农民收入增长中的职能，调整农村产业结构和营造农产品物联网，促进统筹城乡一体化发展，进而促进农村剩余劳动力的转移。

张红宇（2015）基于新常态的背景，提出促进农民收入增长的途径：一是抓住农民收入增长的新机遇，包括内部机遇和外部机遇。内部机遇表现在农业农村发展所带来的产业机遇，外部机遇表现在深化改革所带来的政策、开放机遇。二是实现农民收入增长的新突破，可以从以下几方面入手：改革农村土地制度和农村集体产权制度；创新农业经营制度和农村人力资本；优化政府的财政支持政策、价格补贴政策；构建农村金融体系，健全农业保险保障体系；持续推进农村城镇化。蓝海涛等（2017）通过分析近年来农民收入的走势，在指出农民收入的潜在增长点基础上，提出促进农民增收的相关政策：一是有序推动粮食去库存，完善农业补贴政策；二是推动农业农村基础设施建设以及返乡农民工创业就业基地建设；三是持续推进农村土地制度改革和集体产权制度改革，解决"最后一公里"难题；四是通过适当提高农村社保补助等方式构建农民收入增长的托底保障机制。宋坤等（2018）针对农民收入增长中出现的困难，主要从金融支农方面提出了促进农民收入增长的一些措施：首先，加快构建多层次、广覆盖、可持续发展的农村金融体系；其次，加快建立农业保险保障体系和大灾风险分散机制；最后，探索财政与金融合作支持农民增收的新模式。

1.2.2 关于农村金融发展的文献综述

（1）农村金融概念的界定及内涵

苏静（2017）将农村金融分为正规金融与非正规金融，并基于国内外学者的观点分别对其定义及内涵进行阐述。农村正规金融是指存在于农村领域，符合一定的法律规范，在人民银行和银保监会监管范围之内，采用标准化的金融工具为农户、农村企业以及其他组织和个人提供资金服务的金融活动。农村非正规金融是指存在于农村领域，符合一定的法律规范，但不在人民银行和银保监会监管范围之内，采用非标准化的金融工具为农户、农村企业以及其他组织和个人提供资金服务的金融活动。宋坤等（2018）认为农村金融是金融领域的重要分支，是指农村一切与货币资金流通和信用活动有关的各种经济活动，是集中、再分配农村货币资金的中心。农村金融的两种存在形式为正规金融和非正规金融，正规金融是指通过商业银行、政策性银行、农村信用社等正规金融机构进行的资金融通活动；非正规金融是指主要通过家庭、朋友或企业之间进行的资金借贷。

（2）农村金融的发展历程

苏静（2017）根据我国的政治体制安排以及经济改革与发展的特点将我国农村金融体系划分为四个阶段：第一阶段为农村金融组织机构的创建与反复（1949~1978年），第二阶段为单一农村金融体系的形成与发展（1979~1992年），第三阶段为"三位一体"农村金融体系的初步形成（1993~2002年），第四阶段为"三位一体"农村金融体系的深化（2003年至今）。宋坤等（2018）根据农村金融的发展特点，将我国农村金融的发展历程划分为六个阶段：农村金融的兴起时期（1949~1955年），农村金融的曲折发展时期（1956~1963年），农村金融发展的停滞时期（1964~1976年），农村金融的恢复时期（1977~1984年），农村金融的发展时期（1985~1995年），农村金融的深化改革时期（1996 年至今）。蒋远胜和徐光顺（2019）研究了改革开放后农村金融市场化改革的历程，并总结了各阶段取得的成效。1978~1992 年为农村金融市场化改革的初始阶段，1993~2003 年为构建农村金融市场体系，2004~2012 年为完善农村金融市场体系，2013 年至今为农村金融市场化改革的深化阶段。孙同全和潘忠（2019）分析了新中国农村金融 70 年的发展，同样将我国农村金融的发展分为四个阶段：1949~1978 年，农村金融研究的起步与停滞，该阶段农村金融的主要组织形式有国家银行、农村信用合作和民间自由借贷；1979~1992 年，研究国际先进农村金融理论与实践经验，总结中国农村金融发展历史经验；1993~2002 年，开始探索中国农村金融发展模式，进行农村机构商业化改革和农村信用社体制改革，但也出现了农村资金外流、金融抑制等问题；2003~2019 年，我国意识到农村金融发展对农村经济发展和农民收入增长的作用，开始深化对农村金融的研究，构建中国农村金融理论。李泉和张涛（2020）研究新中国成立以来，农村金融在不断探索中向前发展的阶段性特征，将其划分为三个主要阶段：1949~1978 年，农村计划金融主导时期；1978~2004 年，恢复调整时期；2004 年至今，农村金融的创新深化时期。改革开放前，农村没有形成真正的金融制度，改革开放后，农村金融发展经历了由计划到政府主导，然后逐渐还权于市场的过程。

根据以上学者的研究，我国的农村金融体系可大致划分为四个阶段：1949~1978 年，农村金融体系的形成阶段，由非正规金融主导转变为正规金融主导、由传统的民间自发形成和社会主导转变为政府计划和行政主导；1979~1992 年，农村金融体系改革的初始阶段；1993~2003 年，农村金融体系的深化改革阶段，逐步建立农村金融市场体系，由计划主导转变为市场主导；2004 年至今，农村金融改革的创新阶段，为促进农村经济发展和农民收入增长服务。

（3）农村金融的影响

宋坤等（2018）指出农村金融有以下功能：一是资源优化配置，即农村金融机构将农村地区的社会闲散资金集中起来，利用规模优势，提高投资的收益率，降低风险。二是农村经济的调控者，国家根据农村经济发展状况，通过对农村金融机构的调控，实现对农村经济和农村资金的有效控制。三是交易支付功能，即金融的出现便利了农村的交易和支付，提高了交易活动效率。四是可促进农业科技的进步和农业生产率的提高。五是促进储蓄的转化，即农村金融的发展和完善，使农村金融机构提高了资金的运作效率，从而提高储蓄的转化率。田璐（2019）研究了农村金融对农村经济发展的意义：一是有利于科学管理资金投向；二是有利于提高储蓄向投资的转化率；三是有利于拓宽农村市场范围，加强风险管理。韩楠（2019）在乡村战略背景下，提出了发展农村金融的必要性，并指出农村金融的重要作用。一是有助于建立现代农村金融体系；二是有助于优化城乡金融机制；三是有利于实现乡村振兴。刘赛红和李朋朋（2020）通过建立引力修正模型以及社会网络分析方法，以全国各省份为研究对象，研究各地区农村金融发展的空间关联特征及溢出效应。结果发现，我国各地区农村金融发展有较多的空间关联网络连接渠道，且网络整体稳定性较强，东部及中部较发达地区和其他地区之间存在较多的溢出关系，中南及西南地区作为桥梁传导农村金融资源，东北及中西部地区和其他地区关联关系较弱。综上所述，我国发展农村金融有着重要的理论依据和现实意义。

（4）农村金融的发展现状及存在的问题

刘云生等（2010）从农村金融的供给与需求层面分析了我国农村金融存在的问题。他们认为农村正规金融服务体系逐渐弱化，农村金融机构与功能的设置不匹配，现有的农村金融机构功能不健全，且缺乏风险分散与转移机制。此外，农村金融需求得不到满足从而进一步抑制了农村金融需求，小规模、分散化经营使农户的信贷需求减少。邵国华和吴有云（2015）主要研究了我国农村金融发展中存在的金融抑制问题，并表明农村金融供给与需求的不足是主要原因。黄成和张荣（2016）研究了新常态下我国农村金融的发展现状和发展困境。他们认为，一是农村金融服务体系不健全、资源配置不合理；二是农村金融产品单一、缺乏创新性；三是农业保险保障有待提高；四是区域经济发展失衡使农村金融发展不协调。纪敏（2017）指出了农村金融发展面临的问题和挑战：一是农村金融服务尚未从"大水漫灌"转为"精准滴灌"；二是农村金融的支持政策与发展目标之间的激励相容度还不够；三是农村金融体系建设不完善，其服务实体经济的能力较低。苏静（2017）指出了我国农村金融发展存在的问题，一是农村金融生态难以有效支持农村金融健康发展；二是农村金融体系内部组织机构之间存在矛盾冲突；三是农村金融供需规模失衡且供需结构错配。刘海燕和杨士英（2018）基于农业供给侧结构性改革的背景，指出了农村金融发展面临的困境，农村金融对农业农村发展的供给能力较弱，系统建设不完善，且缺乏法律和制度保障。田璐（2019）基于供给与需求视角，分析了农村金融发展面临的困境。供给方面，财政与货币机制的不完善，使其对农村金融的支持力度不够；需求方面，农业贷款与农业保险的支持力度不够。韩楠（2019）在乡村战略背景下分析了农村金融发展存在的问题。他认为法律政策体系不完善，农村金融体系建设不健全，农村金融人才匮乏、产品创新不足，农村担保体系薄弱、信用体系建设不完善。

（5）促进农村金融发展的对策

邵国华和吴有云（2015）针对我国农村金融发展中的抑制问题，提出了解决方案：发展农村经济；改革农村金融体系；支持非正规金融的发展；建立健全农村社会保障体系，给农业保险相应的政策支持；鼓励大学生、农民工等返乡创业，实现农村年轻劳动力回流。申健（2016）通过分析我国农村金融体系的问题，提出了相应建议。一是重新定位农村金融体系的职能，科学开展金融业务；二是提高农村金融机构的服务质量；三是防控农村金融体系的风险，增加抗风险能力；四是鼓励民间金融发展，实现民间金融对正规金融的补充作用；五是加强对农村金融的监管，完善农村金融法制化建设；六是加大对农村金融的政策扶持力度；七是提出创新与可持续发展是农村金融体系改革的目标。张荣（2017）对我国农村金融发展过程中存在的问题，有针对性地提出了改革方向：一是完善法律、政策体系；二是建立健全农村数据库等相关支撑体系；三是开发创新性、可行性高的金融产品；四是提高农村金融服务的覆盖率。刘海燕和杨士英（2018）在我国农业供给侧结构性改革背景下，提出农村金融的发展方向：一是完善农村金融体系，创新农村金融产品；二是完善农村金融法律体系；三是优化农村金融的发展环境。田璐（2019）基于供需视角，分析了农村金融的发展困境和发展对策。供给层面，相关部门应建立健全财政、货币作用机制，使财政政策、货币政策对农村金融产生更有力的支持；需求层面，政府应出台相关政策，规范农业贷款，提升农业保险的服务质量和效率。周立（2020）基于中国农村金融体系的政治经济逻辑，认为农村金融改革应从"政府—市场"的"两只手"逻辑过渡到"政府—市场—社会"的大三角逻辑，系统地整合正规金融与非正规金融，构建政策性金融、商业性金融、社会性金融三者相协调的农村金融新格局，促进城乡金融均衡、协调发展。此外，陈骐（2016）、张正平等（2017）和荆菊（2020）均在互联网金融背景下，提出了农村金融的发展对策。

1.2.3 关于农民增收与农村金融发展关系的文献综述

1.2.3.1 直接关系——农民收入与农村金融发展的关系

（1）单向关系

李泉和王萌萌（2012）通过构建协整与 VAR 模型研究甘肃省 1990～2009 年农村金融发展与农民收入之间的关系，发现两者之间存在长期稳定的均衡关系，且农村金融发展对农民收入具有长期促进作用。从农村金融发展的具体衡量指标来看，农村信贷促进农民增收，而农村储蓄对农民增收具有负向影响。华志远（2013）分析了山东省 1978～2012 年农村金融发展与农民收入之间的关系，发现两者之间存在长期稳定的均衡关系，其中农业贷款增加促进农民增收，农民储蓄水平提高则抑制农民增收。苏静等（2013）基于非正规金融视角，通过构建固定效应板回归和分位数面板回归，研究发现东部、中部、西部地区农村非正规金融发展均促进农民增收，各区域非正规金融对农民增收的促进作用大于正规金融，且在不同区域、不同时间促进作用具有明显差异；同时，农村非正规金融发展有利于低收入者，而正规金融发展更有利于高收入者。朱德莉（2014）通过构建协整与误差修正模型研究了农村金融发展与农民增收之间的关系，发现两者之间存在长期稳定的均衡关系。在长期内，农村金融发展阻碍了农民收入增长，农村金融资源配置效率、农村金融发展规模对农民增收存在负向影响。当农村金融发展与农民增收之间出现短期波动时，能够通过负向调整向长期均衡状态靠拢。杨刚等（2014）通过状态空间模型，分析了农村金融发展对农民收入的动态影响，发现农村金融发展对农民增收存在显著影响，且正向影响大于负向影响，但影响力逐渐减弱。从农村金融发展的具体构成要素来看，农村金融结构、效率和规模以及农村固定资产投资均促进农民增收，其中，农村固定资产投资的促进作用最大，而农村储蓄率提高对农民增收存在不利影响。刘玉春等（2016）利用典型相关分析和 OLS 回归探究了我国农村金融发展与农民收入增长之间的关系，结果表明两者之间存在密切相关关系，其中农村金融的规模、投向效率显著促进农民增收，而农村金融的中介效率对农民增收存在负向影响。夏秀梅（2017）通过对 8 个贫困地区的地级市 2010~2015 年的面板数据进行回归，发现农村储蓄比率、农村信贷比率均对农民收入增长产生正向影响。张荣（2017）通过实证分析发现，农村金融服务与农民收入存在长期稳定的均衡关系，且随着农村金融服务水平的提升，农民收入将大幅度增加，其增长速度将远大于农村金融服务的增速。李德荃（2018）利用门槛回归模型研究山东省各地级市农村金融发展与农民增收之间的关系，发现两者之间存在明显的门槛效应，并不是简单的线性关系。实证结果表明，山东省各地级市农村金融发展存在两个门槛值，将其划分为三个区间。在农村金融发展水平较低时期，农村金融发展抑制农民增收；在农村金融发展的第二阶段，农村金融发展对农民收入增长的影响不显著；在农村金融发展水平较高时期，农村金融发展显著促进农民收入增长。温涛和王佐滕

（2021）从农民创业的中介视角探究农村金融多元化的农民增收效应，通过固定效应模型和中介效应模型对我国各省市 2009～2016 年的数据进行实证分析，发现农村金融多元化发展显著促进农民收入增长，其中农村信贷由于规模较大对农民收入的影响也较高。同时，农民创业确实在农村金融对农民收入的影响中存在显著的中介效应。

（2）双向关系

陆彩兰和洪银兴（2013）通过构建协整与 VAR 模型研究江苏省农村金融发展与农民收入结构之间的关系，将农民收入划分为家庭经营净收入、工资性收入、财产净收入和转移净收入。结果发现，农村金融发展规模、效率促进了农民各项收入的增长，其中农村金融发展效率对家庭经营净收入的促进作用最大，而农村金融发展结构抑制农民各项收入增长。农民工资性收入、财产净收入及转移净收入在短期内有利于改善农村金融发展结构，长期内则相反。杨盛琴（2014）认为农村金融发展，即农业银行、农业证券、农业保险的发展与农民收入增加应该存在双向促进关系，主张构建农村金融发展与农民收入增加良好互动的生态金融环境。徐仲昆（2015）通过误差修正模型研究四川省农村金融发展与农民收入增长之间的关系，发现农村金融发展能够有效促进农民增收，且两者具有相互影响、相互促进的关系。刘玉红（2015）认为农村金融发展为农业发展提供资金，能够提高农民的收入水平；反过来，农民收入也会影响农村金融发展。因此，刘玉红提出应通过提高农村金融服务的能力、水平，进而提高农民收入；同时，将农民收入增长作为农村金融发展的基本条件，通过提高农民收入推动农村金融的发展，最终实现农村金融发展与农民收入增长的良性循环。吴信英（2017）利用协整与 VAR 模型分析农村金融服务与农民收入增长的关系，发现农村金融服务发展显著促进农民增收，但农民收入增加对农村金融服务发展的带动作用极小。

综上所述，大多数学者分析了农村金融发展对农民增收的影响，只有极少数学者研究了农民收入增长对农村金融发展的影响。对单向关系而言，农村金融的具体构成要素、不同发展阶段、不同区域等对农民收入的影响存在差异，但基本上得到了农村金融发展能够促进农民收入增长的结论；对双向关系而言，农村金融的发展能够提高农民收入水平，且农民收入增长也能推动农村金融发展，两者存在双向促进关系。

1.2.3.2 间接关系

（1）农村金融发展与农村经济发展之间的关系

吴永兴和唐青生（2013）、陈雷生（2014）、彭清华和李晖（2015）、谭崇台和唐道远（2015）、李向阳（2015）、肖兰华等（2016）、斯琴塔娜（2018）等的研究均表明农村金融有效地促进了农村经济增长。除了验证农村金融能够有效促进农村经济的发展外，以下学者也进行了进一步的研究。王淑英等（2016）验证了农村金融规模和结构对农村经济增长存在负向影响，农村金融效率显著促进农村经济增长且存在正向的空间溢出效应，是影响农村经济增长的关键因素。刘金全等（2016）利用非线性面板平滑迁移模型探究农村金融发展对农业经济增长的影响机制，发现存在"门槛效应"。高凡修（2016）认为农村金融发展影响农民增收存在直接机制和间接机制，农村金融发展对农民增收的直接促进作用通过政策性金融机构、商业性银行体系和农业保险发挥，农村金融发展对农民增收的间接促进作用通过经济增长引起的就业机制、转移支付机制和溢出机制发挥。薛晨和袁永智（2018）的研究表明了农村金融发展规模、结构对农村经济发展存在正向影响，农村金融发展效率对农村经济发展存在负向影响。赵洪丹等（2019）还发现随着农民收入的增加，农村金融促进作用逐渐减弱，且农村金融创新推动农村金融发展，是农村金融发展的动力，而农村金融发展是农村金融创新的结果。张婷婷和李政（2019）的实证研究表明，农村金融发展促进农村经济发展和农民收入增长，且两者具有明显的时变效应。

（2）农村金融发展与城乡收入差距之间的关系

周泽炯和王磊（2014）通过理论与实证分析了农村金融发展对城乡收入

差距的影响。理论方面，其认为农村金融发展对城乡收入差距存在四种效应，其中，门槛效应、非均衡效应使城乡收入差距扩大，而减贫效应和涓滴效应使城乡差距缩小。实证方面，通过构建协整与误差修正模型，发现农村金融发展与城乡收入差距之间存在长期均衡关系和短期动态关系。姜增明和李昊源（2015）利用动态面板数据模型分析农村金融发展对城乡收入差距的作用机制，发现我国农村金融由于存在畸形发展并没有缩小城乡收入差距。谢金楼（2016）通过研究农村金融发展与收入分配之间的关系以及农村金融发展与城乡收入差距的影响机制，发现改善农村金融结构、提高农村金融效率能够缩小城乡收入差距，提升农村金融规模将扩大城乡收入差距。

（3）农村金融发展的减贫效应

傅鹏和张鹏（2016）建立面板门槛回归模型，分别在全国和区域层面上探究农村金融发展减缓贫困的非线性影响。在全国层面，农村金融发展对贫困减缓存在显著的门槛效应，且在跨越门槛值之后减贫效应明显增强。在区域层面，不同地区农村金融发展在跨越门槛值后的减贫作用存在差异。刘宏霞等（2018）利用面板门槛模型分别研究农村金融发展减缓生活贫困、医疗贫困以及教育贫困的影响，发现农村金融发展对减缓生活贫困、医疗贫困的促进效应在跨越门槛值之后逐渐增强，而对减缓教育贫困的促进效应在跨越门槛值之后逐渐减弱。孔凡斌等（2019）构建协整与 VAR 模型研究江西省农村金融发展的减贫效应，发现提升金融发展效率能够明显促进减贫，而扩大金融发展规模在短期内的减贫效果不明显，长期内则能明显减缓贫困。奚桂前和胡元林（2019）利用面板回归模型分析了农村金融发展与反贫困绩效之间的关系，发现提高农村金融发展规模能够提高反贫困绩效，而提高农村金融发展效率却抑制反贫困绩效。

根据上述学者的研究，农村金融发展对农民收入增长存在间接促进作用，即农村金融发展通过影响农村经济增长、城乡收入差距和缓解贫困进而影响农民增收，农村金融发展能够缓解贫困。

1.2.4 文献述评

农民收入与农村金融发展之间的关系已有了较多的研究，但随着农民收入及农村金融发展呈现出新的特点，两者之间的关系也会随之发生变化。首先，一些学者通过研究农村金融发展与农村经济增长、城乡收入差距以及减缓贫困的作用机制，间接研究农村金融发展与农民收入的关系，但其是否能够作为中间变量传导农村金融发展对农民收入的影响，还缺乏相应的理论支撑。其次，现有学者大多通过计量分析研究农村金融发展与农民收入之间的关系，而较少学者基于区域差异的视角研究农村金融发展对农民增收的影响。我国不同地区由于地理位置、经济结构等存在较大差异，农村金融发展对农民增收的影响也不完全相同。因此，有必要分别研究东部、中部、西部地区农村金融发展与农民增收之间的关系进行对比分析，从而对各地区农村金融发展及农民收入的特点及存在的问题有针对性地提出解决方案，以促进农民增收。此外，先前学者对于农民收入和农村金融的研究成果非常丰富，能够为本书的进一步研究提供丰富的借鉴和支撑。但是，更需要进一步深入剖析农村收入与农村金融结构状况和结构性差异，及其各自发展的动力所在，在充分认识当前农民收入和农村金融状况的基础上，研究农村金融对农民收入的影响，进而尽可能地提出有针对性的解决方案。

1.3 研究思路及研究方法

1.3.1 研究思路

本书的研究思路如下：

第一部分将专业学者对农民收入、农村金融发展以及农民增收与农村金融发展之间关系的前期文献进行了梳理，以期通过文献的梳理紧跟学术前沿，并在此基础上对农民收入理论、农村金融发展理论等相关理论进行深入的探讨和分析，这是研究农民增收与农村金融发展关系的起点，主要内容体现在本书的第1章、第2章。

第二部分主要研究农民收入与农村金融发展的现状，分析了自改革开放以来农民收入和农村金融发展的变化，首先按收入来源将农民收入划分为工资性收入、经营净收入、财产净收入和转移净收入，分析农民收入结构的变迁，在此基础上，利用聚类分析将全国30个（西藏除外）省（自治区、直辖市）划分为四个区域进行对比分析。其次对农业银行和农业保险等代表农村金融发展的具体要素进行分析。这部分内容体现在本书的第3章。

第三部分主要研究农民收入与农村金融发展的区域差异，将全国30个省份分为东部、中部、西部和东北地区，用均值和收入结构占比作为绝对差异指标、泰尔指数作为相对差异指标，分别研究农民收入与农村金融发展的区域结构差异，并对比分析两者的区域差异。在此基础上，构建面板回归模型及面板分位数回归模型对全国及区域的农民收入与农村金融发展的关系进行实证研究，分析区域之间的异质性及作用机制。这部分内容体现在本书的第4章、第5章。

第四部分为农村金融发展促进农民增收的对策分析，在对我国农民收入和农村金融发展现状及区域结构差异分析基础上，分析实证研究结果，分别提出全国和东部、中部、西部、东北四个地区的农村金融发展促进农民增收存在的困难，并针对问题提出可行的政策建议，实现农民收入可持续增长。主要内容体现在本书的第6章。

1.3.2 研究方法

本书采用的研究方法主要有：

（1）文献分析法

通过阅读大量相关文献和相关资料，对目前的研究现状进行解读，借鉴现有关于农民增收与农村金融发展关系的研究成果，并对现有文献的研究问题进行扩展，准确把握发展现状及研究视角，讨论现阶段农民增收与农村金融发展之间的关系。通过分析大量文献为研究思路提供了一定的帮助，也为本书的后续研究奠定理论基础。

（2）比较分析法

本书基于区域结构差异视角，研究全国 30 个省份（西藏除外）及东部、中部、西部和东北四个地区的农民收入和农村金融发展的现状和动态变化，并进行对比分析。

（3）理论分析与实证分析相结合

首先提出农民收入、农村金融发展和两者关系的相关理论，确定农民收入与农村金融发展的具体衡量指标，进而构建计量模型，实证分析农民增收与农村金融发展的作用机制。

（4）静态分析与动态分析相结合

在研究过程中，采用静态考察和动态考察相结合的方法。静态分析，就是研究农民收入、农村金融发展在当前的时间和空间内的发展状况和关系。动态分析，就是以时间推移为主线分析农民收入与农村金融发展的动态变化和关系演变。

1.3.3　研究的可能创新之处

第一，本书有较为系统和完善的理论体系作为支撑。关于农村金融发展的相关理论有农业信贷补贴理论、农村金融市场理论、不完全竞争市场理论、微型金融理论和普惠金融理论；关于农民增收与农村金融发展关系的理论有基于内生增长模型的理论和作用机制分析，为后文进行实证分析奠定了坚实的理论基础。

第二，本书通过区域差异的对比分析，深入研究农民增收与农村金融发展的作用机制。以往的研究往往侧重于从全国或某一省份层面研究农民增收与农村金融发展之间的关系，本书考虑到全国不同地区地理位置、经济发展水平等方面的差异，将全国分为东部、中部、西部和东北四个地区，探讨农民收入和农村金融发展的区域结构差异以及不同区域两者之间的关系，进而有针对性地发现问题、解决问题。

第三，研究指标和方法创新。现有文献大多用农村金融发展规模（农村贷款/GDP）、效率（农村贷款/农村存款）和结构（乡镇企业贷款/农村贷款）衡量农村金融发展水平，而本书采用农村金融发展规模（涉农贷款/第一产业增加值）、农村金融发展效率（涉农贷款做投入，第一产业增加值做产出，用DEA测算效率）、农村金融资源分布密度（包括农村金融机构和农村金融机构从业人员分布密度）、农业保险保费收入、农业保险赔付支出等多项指标衡量农村金融发展水平，更加全面地反映了农村金融服务的发展现状和特点。同时，本书分别对全国和东部、中部、西部以及东北地区采用面板回归，对比分析了农村金融的农民增收效应的异质性；为研究不同收入水平下农村金融对农民收入的影响，通过面板分位数回归分析农民收入差异对农村金融发展能动作用的影响。

2 理论基础

2.1 农村金融发展理论

农村金融是金融体系中的重要组成部分，对中国农村经济的发展具有举足轻重的作用，经过不断的实践与应用，逐步形成了一套相对完整的农村金融发展理论，主要分为三个理论流派：农业信贷补贴理论（20 世纪 80 年代之前）、农村金融市场理论（20 世纪八九十年代）、不完全竞争市场理论（20 世纪 90 年代）。20 世纪 90 年代以后，随着小额信贷的发展又产生了微型金融理论（20 世纪 90 年代至 21 世纪初）和普惠金融理论（21 世纪至今）。

2.1.1 农业信贷补贴理论

20 世纪 80 年代，农业信贷补贴理论一直在农村金融领域占据主导地位。该理论是在金融抑制的基础上提出的，代表人物有哈索蒂（M. Hasody）和刘易斯（W. A. Lewis）。该理论是指为了减少农业与其他产业之间的结构性收入差距，对农业实行较低的融资利率。哈索蒂认为，大多数农民属于小农，他们经济水平的提高可以通过政府对小农的贷款来达到；英国经济学家刘易斯也认为，农民需要的资本是远远超过他们能进行的储蓄，信贷对于小农业和小工业的发展是不容忽视的。

该理论提出后得到了广泛应用，许多发展中国家如印度、中国不断从外部注入政策性资金，实践表明，在一定程度上解决了农民"融资难""融资贵"的问题，扩大了农业规模，促进了农村经济的发展。但也出现了许多弊端：一是依靠外部资金的注入，农民的储蓄意愿极低，信用合作组织等金融机构外部资金来源不稳定，需要财政的扶持，这就加大了国家的财政压力；二是由于大部分资金由国家提供，这些信贷机构就会对借款者偿债能力的监督减弱，导致不良贷款增多，影响农村信贷机构的持续经营能力；三是由于交易成本、人力物力管理成本等，农村信贷机构更愿意将资金贷款给生产规模大的农户，而不愿意将资金贷款给小农户，这就违背该理论的初衷，不具有普适性，生产规模小的农户依旧没有办法得到融资。

2.1.2 农村金融市场理论

到了 20 世纪 80 年代后，农业信贷补贴理论的弊端越来越凸显，为了解决农业信贷补贴理论的问题，就需要建立一种新的农村金融运行体制，农村金融市场理论就应运而生了。农村金融市场理论是在肖（E. Shaw，1974）和麦金农（Mckinnon，1973）的金融深化和金融抑制论的基础上提出的，突出强调市场机制的作用。肖认为，国家干预主义是金融抑制的特点，用市场去代替官僚机构则是金融深化的特点。虽然说金融自由化很重要，但这不是唯一的，相反，金融自由化应该与金融部门以外的其他补充形式与手段有机地联系在一起。麦金农认为，直接放松国内金融和对外贸易是经济发展的优先策略，要大力推行金融自由化和贸易自由化，不要过度依赖外资。

农村金融市场理论提倡利率市场化，政府不再干预和调节，强调市场在农村金融中的作用，认为农村资金短缺并不是由于农民不能储蓄所造成的，而是农村金融体系的一些外部政策在某种程度上阻碍甚至抑制了农村金融的发展，因此该理论反对政府采取一系列政策来干预金融机构的自由发展，应该完全依靠市场，实施利率市场化，使用自有资金，这样能减少坏账的发生，从而提高贷款回收率。但是有些学者认为农村地区的经济发展存在特殊性，为了保障粮食的供给和提高农民生产的积极性，政府会对农产品进行一定的补贴或者价格管制来保障农民的收入，很难完全以市场为导向；而且实行市场化的利率，可能会造成小农户的贷款成本大大提高，损害小农户的利益。对于经济落后的农村地区，政府应该参与到金融市场的发展中去。

农村金融市场理论的实践效果也不尽如人意，但是该理论对农村金融发展起到了重要的推动作用。该理论认为农村金融市场是一个完全竞争的市场，所有人都能够获得充分的信息，即所有信息都是公开透明的。该理论主张农村内部的金融中介（资金短缺和资金盈余部门之间的借贷中介）是农村金融机构的主要功能，动员储蓄是重中之重；利率由市场决定，实际利率不能为负；评判农村金融的标准要根据金融机构的资金中介额、经营的独立性以及可持续性；非正规金融要和正规金融结合起来，发挥资金供给作用以解决农村居民"融资难"的问题。

2.1.3　不完全竞争市场理论

斯蒂格利茨（Joseph E. Stiglitz）认为市场失灵比政府失灵更加糟糕，政府失灵是可以被缓解乃至消除的，通过采取适当的政策，政府干预可带来帕累托改进，从而达到帕累托最优状态。

该理论提出，在发展中国家，金融机构无法充分掌握借款者的所有信息（信息不对称），信贷资金未必能到达真正有需要的农民手里，所以依靠市场机制难以建立有效的农村金融市场，为了解决市场失灵的问题，政府有必要适当地介入农村金融市场，利用非市场化因素来改善这一状况。不过不管任何形式的介入，都必须具有完善的体制结构，这样才能够有效地克服市场失灵带来的问题。因此对发展中国家来说，非市场要素介入农村金融市场，首先要关注改革农村金融机构，消除农村金融市场机构有效运行的阻碍。不完全竞争市场理论还认为借款人的组织化这一非市场要素对解决农村金融发展问题是十分重要的，能够推动农村经济的发展。这种贷款组织能够提高信贷市场的效率，他们通常是具有相同业务背景的借款人，相互之间比较了解，能够有效地解决逆向选择问题，农户在需要资金时，经过小组成员评估风险后，就可以获得信贷资金，这样小组成员还可以监督资金的使用情况，可以约束其从事风险性高的项目，有助于解决道德风险的问题，这就规避了在正规金融的信贷中银行无法控制借款这一行为而面临的道德风险问题。

2.1.4 微型金融理论

微型金融理论是建立在小额信贷的基础上的。小额信贷被认为是信贷机构向低收入阶层和弱势群体主要是低收入客户和个体经营者提供一种可持续发展的金融服务方式，是扶贫的重要手段。小额信贷作为消除农村贫困人群的重要方式，在世界范围内广泛传播并且被广泛接受。随着小额信贷的快速发展，越来越多的人开始意识到，仅凭借小额贷款来扶持被正规金融机构边缘化的小农户，作用微乎其微，还需要将小额储蓄、小额保险、小额租赁以及小额支付等在内的"一揽子"金融服务纳入农村低收入群体金融服务体系中去，这"一揽子"的金融服务就叫作微型金融。可见微型金融是小额信贷的延伸，是小额信贷金融多样化发展的结果。小额信贷的出现最早可以追溯到20世纪60年代，在金融创新、金融深化论的基础上，微型金融理论得以出现并发展。我国对微型金融的研究比较晚，1994年开始逐渐推行小额信贷，之后许多学者致力于小额信贷的研究与实践。

王秀云和王力（2012）概括了我国微型金融有四种不同的运作模式：非营利组织的扶贫小额信贷模式、政府主导的政策性小额信贷模式、金融机构参与的商业性小额信贷模式、专业化机构运作的商业性小额信贷模式。微型金融以小额信贷为主要形态，但又创造性地增加了小额储蓄、保险、租赁等服务，不同于传统的金融机构，能更好地满足低收入群体的需求，满足了农村居民的金融服务需求，微型金融对经济的发展起着促进作用，能够积累农村地区的社会资本，缓解农村地区的贫困程度。但微型金融也存在诸多缺点，如资金来源渠道单一、法律制度不完善、信贷产品与服务品种少、存在多种风险、金额小、管理成本较高等。

2.1.5 普惠金融理论

由于微型金融发展存在诸多弊端，人们逐渐认识到应该建立一种信贷产品与服务更加多元化、资金来源渠道更广泛的金融体系，于是诞生了普惠金融理论。2005 年，联合国首次正式提出了普惠金融的概念，从此普惠金融成了世界范围内特别是发展中国家的研究重点。普惠金融实际上是小额贷款和微型金融的延伸，既包括小额信贷、小额储蓄、小额租赁、小额支付等"一揽子"金融服务，也包括微型金融机构和传统意义上的正规金融部门如大型商业银行提供的金融服务。普惠金融着重强调服务对象的广泛性和普惠性，旨在让农民和中小企业能以合理的成本获得更加广泛、更加多元化的金融服务，实现金融业的可持续发展。

杜晓山（2006）提出了普惠金融体系的构建框架：包括微观层面、中观层面和宏观层面。低收入群体对金融服务的需求决定着金融体系各个层面的需求：微观层面强调要向低收入群体提供金融服务，金融服务要具有普惠性，真正惠及民生；中观层面包括基础性的金融设施、一系列制度措施如使金融服务更加公开透明、金融服务规模更大更广、交易成本更低等；宏观层面指财政部等政府部门是主要参与者，它们要制定相关的法律法规和政策框架来促进小额信贷的可持续发展。韩俊（2010）认为目前我国农村的普惠金融体系还远远没有形成，要想建立一个真正为"三农"服务的农村金融体系，必须着眼于总体，全面实行农村金融改革，加快建立商业性金融、合作性金融，放宽农村金融机构的准入政策，发展多种形式农村金融机构，创新金融产品等一系列措施。

普惠金融的发展让全体社会成员都可以享受到金融服务，实现先富帮后富，充分利用资源，达到资源的有效配置。普惠金融体系作为我国农村金融体系建设的有效支撑，在中国不断的业务创新和规模扩张，让金融更加普惠，是农村金融发展理论的一项重大突破。

2.2 农民收入与农村金融发展关系理论

2.2.1 农村经济与农村金融发展——基于内生增长模型

农村地区的发展是我国国民经济发展的一个重要组成部分，在利率市场化和金融日益自由化、全球化的今天，农村金融市场在农村经济增长中发挥着越来越重要的作用，农村地区经济的发展和农民增收都离不开金融的支持。改革开放以后，我国农业发展面临巨大的挑战，其产业化发展、结构化调整需要大量的资本积累和投入。所以研究经济与金融发展之间的关系显得尤为重要，对影响农村地区经济发展的金融因素进行合理的量化分析评价，对农村金融发展路径和方向，促进农村地区经济发展和农民增收具有重要作用。笔者借助亚珀利和帕加诺（Jappelli and Pagano，1999）提出的内生增长模型来研究农村金融发展对农村经济的影响机制。

国内学者也有不少基于内生增长模型的研究，如王敏芳（2015）的研究证明农村金融发展对农村经济增长率有较强的推动作用，农村存款、农村贷款、农村存贷款之比对农村经济增长有很强的推动作用；王希元和杨璐（2016）利用2007~2014年的财政数据，通过分析得到适当提高人力资本支出、降低物质资本支出有利于经济增长的结论；吴常宝（2020）也肯定了农村金融发展与农村经济增长呈正相关关系的观点。

基于内生增长模型，本书认为农村金融发展对农村经济增长的传导路径主要有三个方面：农村金融发展通过储蓄效应增加农村物质资本积累、通过投资效应提高农村地区人力资本积累水平、通过资源配置效应推动技术进步进而推动农村地区经济发展。同时，也需要考虑政府因素和制度因素在农村金融发展中的作用。不完全竞争市场理论认为金融机构无法充分掌握借款者的所有信息（信息不对称），信贷资金未必能到达真正有需求的农民手里，从而依靠市场机制难以建立有效的农村金融市场。为了解决市场失效的问题，政府有必要适当地介入农村金融市场，利用非市场化因素来改善这一状况。因此，政府因素和制度因素也是促进农村经济增长的重要传导路径。

2.2.2　农村经济增长与农民收入提高

农村经济增长会影响农村居民的收入分配状况，主要通过市场分配和非市场分配两种方式。

第一，改变信贷市场和劳动力市场的格局是市场分配发挥作用的主要途径。一方面，对信贷市场，农村经济的增长使农村地区的资本得到了积累，使原本被排斥在农村金融服务之外的那一部分低收入的农村居民也能够享受到信贷以及相关的金融服务，使其获得更多的收入机会，增加了经济来源，从而改善收入分配状况；另一方面，对劳动力市场，农村经济增长会使农村地区增加不同层次水平技能劳动力的需求，技能水平不同，获得的收入回报也不同。而农村居民大部分是低技能水平劳动者，如果农村经济增长使农村地区对低技能水平劳动力的需求增加，这就会使农村低收入者的收入状况得到好转与改善，从而使农村居民的收入得到提高。

第二，政府财政支出的再分配是非市场分配方式发挥作用的主要途径。农村金融发展使农村经济增长，从而提高政府财政收入，以至于财政支出提高。一方面，政府购买性支出提高会使农村基础设施更加完善，使公共产品和社会服务增加，也会使产业规模和商品供给增加，更会使农村低收入者的就业率提高、工资水平提高；另一方面，政府转移性支出的增加使面向农村低收入者的补助金、福利津贴等资金增加，使农村低收入者收入提高，经济福利得到改善。

农村金融的发展促进了农村经济的增长，农村经济的增长又促进了农村总产出的增加，使农村社会整体物质水平提高，农村社会物质水平提高使农村低收入人群的收入增加、福利改善。农村经济增长不仅使农村产业、农村企业得到大力发展，经济发展方式发生转变，还使农村现代农业服务建设体系越来越完善，在一定程度上提高了农民收入。综上所述，农村经济增长具有提高农民收入的作用，但是农村经济增长促进农民收入的提高不仅需要有广泛的基础，还需要有一定的资源、初始收入与财富等，更需要有对农村低收入者的普惠性。

2.2.3　农村金融对农民收入的作用途径

农村金融对农民收入的影响途径是多方面的，主要有门槛效应、减贫效应、非均衡效应。

（1）门槛效应

门槛效应是指农村地区经济不发达，金融体系不完善，使金融资源不合理分配甚至畸形分配，从而导致金融的服务门槛较高。对高收入群体来说，他们有支付能力，能接触到金融中介服务获得较高的投资收益，这样一来高收入群体积累的财富越来越多，而对于低收入农民群体来说，往往由于金融服务的门槛过高，无法接触到金融服务，丧失了投资收益的机会，农民越来越穷，收入难以提高。所以，要想农村金融更好地服务于农村经济的发展，就要降低金融服务的门槛，增加农村金融机构网点的规模和数量，改善金融贷款结构等来解决农民"融资难""融资贵"的问题，促进农民增收。

（2）减贫效应

减贫效应是指农村金融发展能推动农村地区的经济增长，并通过金融渠道和收入分配理论来促进农民增收。随着金融中介体和金融市场的发展，微型金融、小型金融、民间金融的出现使金融机构的形式越来越多样化，金融机构的服务范围也不断扩大，更多的农村居民能够接触到金融服务，能够动员更多的储蓄。通过促进储蓄向投资高比例转换，资金的配置效率越来越高，从而促进农村地区经济增长。一方面，经济增长能带动农产品的消费，也能吸收农村剩余劳动力，提高农民收入，缩小城乡收入差距，减少贫困人口的数量。另一方面，经济增长能增加政府财政收入，政府通过财政补贴等政策给予农民一定的优惠与社会福利，从而提高农民收入。

（3）非均衡效应

非均衡效应分为两个层面：一个是区域的非均衡，另一个是城乡的非均衡。一是区域的非均衡。在我国的不同地区，农村的经济发展情况的速度是不一样的。经济发展好的农村地区，金融发展也比较快速，金融服务也比较完善，农民可以通过多渠道接触到金融服务，农民的收入可以得到金融的支持。而经济发展落后的农村地区，金融发展面临很多困难，金融资源的分配存在不合理且不均衡的问题。二是城乡的非均衡。农村地区的金融发展远不及城市，城市的信用体系和金融体制完善，管理理念先进，金融环境相较于农村来说比较良好，资金更多地流向城市，只有少部分资金流向农村地区，因为城市有更高的利润，农村地区利润低而且面临的风险大。非均衡的根本原因是金融的二元化，缓解二元化差异，合理分配金融资源，缩小区域分配和城乡分配不均，才能更好地促进农村地区的金融发展，更好地为农民服务。

2.3　本章小结

本章对农村金融及其与农民收入关系的理论进行了梳理和分析，为本书的研究提供了基本前提和逻辑起点。农村金融理论主要包括农业信贷补贴理论、农村金融市场理论、不完全竞争市场理论、微型金融理论和普惠金融理论五个方面。通过对农村金融发展理论的梳理和分析，本章认为在农村市场中要发挥金融优化资源配置的作用，需要政府政策和财政指引发挥作用的同时，优化金融市场自我完善的机制，尤其是当前的普惠金融在农村市场的发展将会对农村社会经济生活产生重大的影响。此外，本章也着重阐述了农民收入与农村金融发展关系理论。一方面，基于内生发展理论研究了农村金融发展与经济增长之间的关系，认为物质资本积累、人力资本积累、技术进步和制度因素是农村金融发展对经济增长的主要作用路径；另一方面，在分析了经济增长对提高农民收入作用机理的基础上，阐述了农村金融对农民收入门槛效应、减贫效应和非均衡效应的作用途径。以上内容将对本书后续的定性分析和定量分析提供最基本的理论支撑。

3 农民收入与农村金融发展变化的现状分析

本章重点分析了省际农村居民收入结构和农村金融发展收入的情况，通过 K-均值聚类方法将我国 30 个省份分为三个梯度，根据具体情况来分析省际农村收入结构和农村金融发展的差异。

3.1 衡量指标、数据来源和度量方法

指标的选取是评价和衡量农村收入发展现状和农村金融发展状况的首要工作。笔者参考前人的文献和研究方法，选择了合适的指标作为衡量农村居民收入和农村金融发展情况。基于数据的可得性，本书剔除了我国西藏自治区的数据，在实证部分选取 2013~2018 年我国 30 个省份的数据，涉及的变量和数据主要包括农民收入和农村金融发展两个方面。

一方面，农村收入状况用农村居民人均可支配收入来衡量，本书收集了 1978~2020 年的农村居民和城镇居民的人均可支配收入，以 1997 年为基期，分析全国农村居民人均可支配收入的现状。数据来源于《中国统计年鉴》

（1978～2021 年）。

另一方面，农民收入结构用工资性收入、经营净收入、财产净收入和转移净收入进行衡量。本书收集了 2013～2019 年全国农村居民人均可支配收入及结构情况。2013～2019 年，我国 30 个省份的农村居民人均可支配收入、农村居民人均工资性收入、农村居民人均经营净收入、农村居民人均财产净收入和农村居民人均转移净收入的数据均来源于《中国统计年鉴》（2013～2020 年）。

本书从农村金融服务、农业保险、农业贷款三个方面对农村金融发展的现状进行衡量和分析。

农村金融服务方面，选取农村金融机构分布密度（平均每万人农村常住人口的农村金融机构数量）和农村金融机构从业人员分布密度（每万人农村常住人口中农村金融机构从业人员数量）作为衡量指标，其中，本书的金融机构数量为省际小型农村金融机构数量与新型农村金融机构数量之和。数据来源于中国人民银行网站各省的《区域金融运行报告》。

农业保险方面，选取农业保险保费收入密度、农业保险保费收入深度、农业保险赔付支出密度、农业保险赔付支出深度作为衡量指标，其中，农业保险保费收入密度＝农业保险保费收入÷农村人口数，农业保险保费收入深度＝农业保险保费收入÷第一产业增加值，农业保险赔付支出密度＝农业保险赔付支出÷农村人口数，农业保险赔付支出深度＝农业保险赔付支出÷第一产业增加值，数据来源于《中国保险年鉴》（2011～2020 年）。

农业贷款方面，衡量指标有涉农贷款、农村常住人口人均涉农贷款额和农村金融发展规模，其中，人均涉农贷款额＝涉农贷款÷农村常住人口，农村金融发展规模＝涉农贷款÷第一产业增加值。涉农贷款数据来源于 Wind 数据库。

3.2 农民收入的发展现状

3.2.1 全国农村居民收入的总体发展变化

3.2.1.1 居民人均可支配收入发展变化

（1）农村居民人均可支配收入发展演变

表 3-1 展示了以 1978 年为基期的 1978~2020 年农村居民人均可支配收入情况及增长速度。由表 3-1 可知，以 1978 年为基期，农村居民人均可支配收入持续增长，由 1978 年的 133.57 元增长到 2020 年的 2556.82 元。1978 年，我国开始实行改革开放的伟大决策，40 多年来，我国以经济建设为中心，坚持改革开放，继续深化改革，至 2020 年，我国经济增长已达到 1978 年的 19.14 倍左右，1979~2020 年的农村居民人均可支配收入平均增速为 7.39%。

表 3-1 1978~2020 年农村居民人均可支配收入情况   单位：元,%

年份	农村居民人均可支配收入（以 1978 年为基期）	农村可支配收入增长率	年份	农村居民人均可支配收入（以 1978 年为基期）	农村可支配收入增长率
1978	133.57		1987	318.04	2.78
1979	157.21	17.70	1988	318.82	0.25
1980	174.66	11.10	1989	295.00	-7.47
1981	198.96	13.91	1990	322.10	9.19
1982	235.84	18.53	1991	325.09	0.93
1983	265.20	12.45	1992	343.53	5.67
1984	296.15	11.67	1993	355.17	3.39
1985	308.00	4.00	1994	381.32	7.36
1986	309.43	0.46	1995	419.35	9.97

年份	农村居民人均可支配收入 （以 1978 年为基期）	农村可支配 收入增长率	年份	农村居民人均可支配收入 （以 1978 年为基期）	农村可支配 收入增长率
1996	474.46	13.14	2009	1080.83	9.07
1997	502.30	5.87	2010	1203.88	11.38
1998	527.06	4.93	2011	1341.08	11.40
1999	549.35	4.23	2012	1484.07	10.66
2000	562.98	2.48	2013	1623.29	9.38
2001	589.06	4.63	2014	1773.90	9.28
2002	621.08	5.44	2015	1907.25	7.52
2003	650.59	4.75	2016	2027.00	6.28
2004	698.11	7.30	2017	2175.07	7.31
2005	760.71	8.97	2018	2318.89	6.61
2006	830.02	9.11	2019	2462.76	6.20
2007	913.56	10.06	2020	2556.82	3.82
2008	990.98	8.48	平均增速	7.39	

资料来源：国家统计局。

（2）城乡居民人均可支配收入对比

由图 3-1 可以看出，我国城乡居民人均可支配收入比值衡量的城乡收入差距在 1979~2020 年呈现出先缩小后扩大的趋势。根据城乡居民收入差距的变化趋势可划分为三个阶段：第一阶段为 1979~1985 年，城乡居民收入差距逐渐缩小，在 1985 年达到最小；第二阶段为 1986~2009 年，城乡居民收入差距在波动中扩大，在 2009 年达到最大；第三阶段为 2010~2020 年，城乡居民收入差距逐渐缩小。其中，在第二阶段，城乡居民收入差距波动变大的原因是我国为进行改革开放和社会主义现代化建设，实现国民收入持续增长的目标，集中大量资源用于城市发展经济。同时，由于出口贸易和外商直接投资的驱动，城市经济迅速发展，城乡居民收入差距不断扩大。而 2010 年以后，政府开始重视"三农"问题，并出台了支农助农、惠农富农、扶贫兴农等一系列政策，农村社会保障体系建设日益完善，城镇化进程加快使农民增收渠道更多，部分土地流转获得的收益也使农民收入明显增加，城乡居民收入差距逐渐缩小。同时，城乡居民人均可支配收入的增长率大致呈现相同的变化趋势，1985~2009年，我国城镇居民人均可支配收入增速略高于农村居民人均可支配收入增速；2010年至今则相反，表明政府对农民收入问题给予高度重视，并且采取的一系列措施发挥了作用。

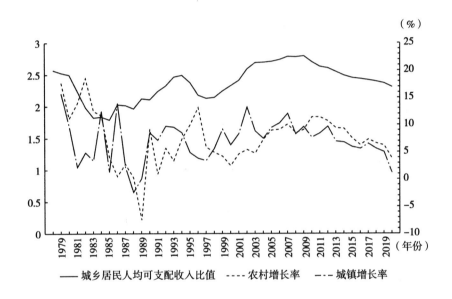

图 3-1　1978~2020 年城乡居民人均可支配收入比值与增速情况

注：城乡居民人均可支配收入对应左轴，农村增长率和城镇增长率对应右轴。

资料来源：国家统计局。

我国农村居民人均可支配收入以工资性收入、家庭经营净收入、财产净收入和转移净收入四项为主要收入来源。工资性收入是指就业人员通过从事主要职业获得的工资以及从事第二职业、其他兼职和零星劳动得到的其他劳动收入。经营净收入是居民通过经常性的生产经营活动而取得的净收入。财产净收入，也称资产性收入，即家庭或个人通过拥有的动产（如银行存款、有价证券、车辆、收藏品等）和不动产（如房屋等）所获得的利息、租金、专利收入、财产营运所获得的红利收入、财产增值收益等收入。转移净收入等于转移性收入减转移性支出，其中转移性收入指国家、单位、社会团体对住户的各种经常性转移支付和住户之间的经常性收入转移；转移性支出指调查户对国家、单位、住户或个人的经常性或义务性转移支付。

3.2.1.2 人均工资性收入发展变化

（1）农村居民人均工资性收入发展演变

由表3-2可以看出，2013年我国农村居民人均工资性收入为3559.25元，在2013~2020年持续增加，以2012年为基期，农村居民的人均工资性收入在2020年达到5842.67元，增长了2283.42元，增长部分是2013年的64.15%。2013~2020年，我国农村居民人均工资性收入的增长速度整体较高，平均速度为7.36%，2013~2019年增长速度都在6%以上。但在2014~2020年增长速度下降趋势明显，由2014年的11.46%下跌到2020年的2.84%。

表3-2 2013~2020年农村居民工资性收入情况　　　　　单位：元，%

年份	农村居民人均工资性收入（以2012年为基期）	农村居民人均工资性收入增长速度
2013	3559.25	—
2014	3967.24	11.46
2015	4333.00	9.22
2016	4637.29	7.02
2017	4999.38	7.81
2018	5339.74	6.81
2019	5681.05	6.39
2020	5842.67	2.84

资料来源：国家统计局。

（2）城乡居民人均可支配收入对比

图3-2是2013~2020年我国农村居民与城镇居民的人均工资性收入与增长速度的情况对比。图3-3表示的是2013~2020年城乡居民人均工资性收入

的差值和比值情况。由表 3-2 和图 3-3 可知，2013~2020 年，我国城镇居民人均工资性收入逐年增加。以 2012 年为基期，2020 年我国城镇居民人均工资性收入增长至 22101.51 元，增长了 5908.39 元，增长部分是 2013 年的 36.49%。2013 年，我国城镇居民的人均工资性收入为 16193.12 元，是 2013 年农村居民人均工资性收入的 4.55 倍；2020 年，我国城镇居民的人均工资性收入为 22101.51 元，是 2020 年农村居民人均工资性收入的 3.78 倍。由图 3-3 可知，我国城乡居民人均工资性收入的比值逐渐缩小。2013~2019 年，我国城镇居民的人均工资性收入增长额度大于农村居民，但每年城镇居民的人均工资性收入增长速度都低于农村居民的工资性收入。由图 3-3 可知，2013 年，我国城乡居民的人均工资性收入相差 12633.87 元。2013~2019 年，我国城乡居民人均工资性收入的差值逐渐拉大。2019 年，我国城乡居民人均工资性收入相差 16379.43 元，2020 年，此差值回落至 16258.84 元。

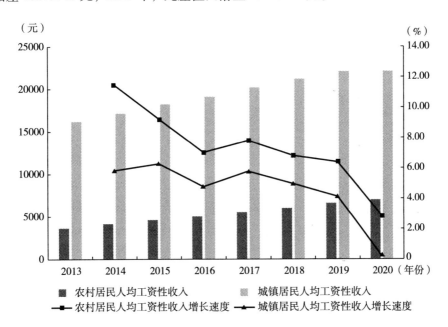

图 3-2　2013~2020 年城乡居民人均工资性收入情况对比

资料来源：国家统计局。

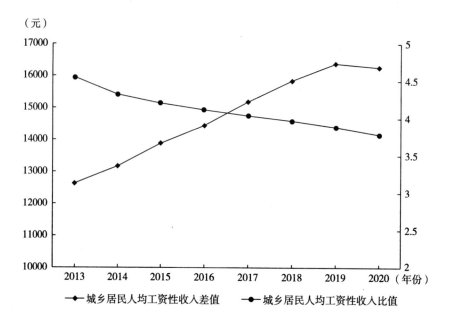

（元）

→城乡居民人均工资性收入差值　→城乡居民人均工资性收入比值

图 3-3　2013~2020 年城乡居民人均工资性收入对比

资料来源：国家统计局。

3.2.1.3　人均经营净收入发展变化

（1）农村居民人均经营净收入发展演变

表 3-3 显示了 2013~2020 年我国农村居民人均经营净收入情况和增长速度。由表 3-3 可知，2013 年，我国农村居民的人均经营净收入为 3834.40 元，2013~2020 年，我国农村居民的人均经营净收入逐渐增加，在 2020 年增长到 5091.59 元。2013~2020 年，增长了 1257.19 元，是 2013 年的 32.79%。2014~2020 年我国农村居民人均家庭经营净收入的增长速度保持在 2%~6%，增长速度呈现下降的趋势，由 2014 年的 5.59% 下降至 2016 年的 3.21%，2017 年上升后，在 2018~2020 年又逐步下降至 2020 年的 2.40%。

表 3-3　2013~2020 年农村居民人均经营净收入情况　　　单位：元,%

年份	农村居民人均经营净收入（以 2012 年为基期）	农村居民人均经营净收入增长速度
2013	3834.40	—

年份	农村居民人均经营净收入（以2012年为基期）	农村居民人均经营净收入增长速度
2014	4048.64	5.59
2015	4241.89	4.77
2016	4378.21	3.21
2017	4571.49	4.41
2018	4771.90	4.38
2019	4972.33	4.20
2020	5091.59	2.40

资料来源：国家统计局。

（2）城乡居民人均经营净收入对比

图3-4显示了我国城镇与农村居民的人均经营净收入情况与增长速度对比。由图3-4可知，不同于人均工资性收入，2013~2020年，我国农村居民的

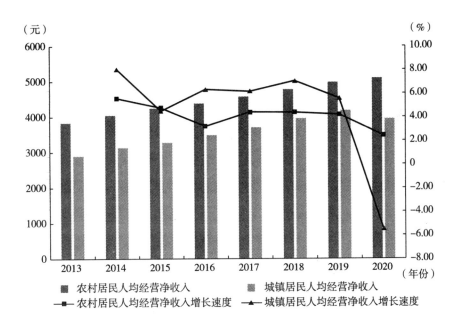

图3-4 2013~2020年城乡居民人均经营净收入情况对比

资料来源：国家统计局。

人均经营净收入大于我国城镇居民的人均经营净收入。2013~2019 年，城镇居民人均经营净收入逐年增加。以 2013 年为基期，2019 年城镇居民人均经营净收入增长至 4176.89 元，2020 年稍有下降，为 3946.67 元，与 2013 年相比，城镇居民人均经营净收入增长了 1047.29 元，是 2013 年的 36.12%。2013~2020 年，城镇居民的人均经营净收入整体增长比率高于农村居民的人均经营净收入增长比率，平均增长速度为 4.59%，仅 2020 年城镇居民人均经营净收入为负值。2013~2020 年，农村居民人均经营净收入均保持增长，平均增长速度为 4.14%。此外，2020 年城乡居民人均经营净收入较往年都稍低，造成此现象的原因可能是，由于 2020 年初新冠肺炎疫情导致的小微企业经营停滞、倒闭等现象对于城镇居民的经营性活动的影响大于此现象对于农村居民经营性活动的影响。

图 3-5 显示了我国 2013~2020 年城乡居民人均经营净收入的差值和比值情况。由图 3-5 可知，2013~2020 年，我国城镇居民的人均经营净收入小于农

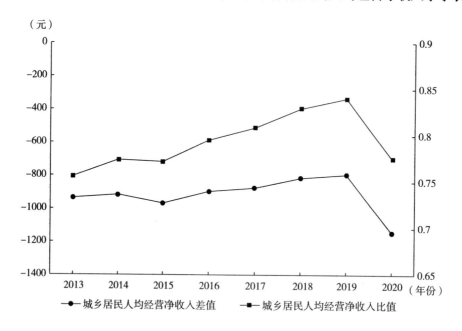

图 3-5　2013~2020 年城乡居民人均经营净收入对比

资料来源：国家统计局。

村居民的人均经营净收入，城乡居民人均经营净收入差值为负值，比值小于1。2013~2019 年，我国城乡居民人均经营净收入差值较为稳定，城镇居民的人均经营净收入与农村居民的人均经营净收入差距为 860~960 元。且由于2013~2019 年城镇居民人均经营净收入增长速度比农村人均经营净收入快，城镇居民人均经营净收入与农村居民人均经营净收入的比值逐渐增大。2020 年，由于城镇居民人均经营净收入的减少和农村居民人均经营净收入的增加，导致城乡居民人均经营净收入的差值扩大至 1144.93 元，城乡居民人均经营净收入的比值减小到 0.78。

3.2.1.4　人均财产净收入发展变化

（1）农村居民人均财产净收入发展演变

表 3-4 显示的是我国农村居民的人均财产净收入与增速，由表可知，2013~2020 年，我国农村居民人均财产净收入基数很小，都在 500 元以下，但一直保持较快速度的增长，平均增速在 9.20%。相较于农村居民人均工资性收入和人均家庭经营净收入，农村居民人均财产净收入基数小，增长速度更快。究其原因，可能是与城镇居民相比，一是农村居民的人均可支配收入较少；二是农村居民用于存储、投资理财的资金相对较少；三是农村居民拥有的房屋和土地财产少，短时间内升值空间小；四是农村居民的理财意识相对薄弱，从而获得的财产净收入较少。但近些年来，九年义务教育得到普及之后，农村居民中接受教育的人数增加，县域金融机构数量的增加，农村经济得到发展，让农村居民的理财意识提高、可支配收入增加，财产净收入也得到了较快速度的增长。

表 3-4　2013~2020 年农村居民人均财产净收入情况　　单位：元,%

年份	农村居民人均财产净收入（以 2012 年为基期）	农村居民人均财产净收入增长速度
2013	189.74	—
2014	212.18	11.83
2015	236.91	11.66

续表

年份	农村居民人均财产净收入（以 2012 年为基期）	农村居民人均财产净收入增长速度
2016	251.22	6.04
2017	275.46	9.65
2018	304.62	10.58
2019	325.54	6.87
2020	350.87	7.78

资料来源：国家统计局。

（2）城乡居民人均财产净收入对比

图 3-6 显示的是我国农村居民和城镇居民的人均财产净收入和增长速度的对比情况。由图可知，我国农村居民和城镇居民的人均财产净收入差距很大。2013 年，我国城镇居民的人均财产净收入为 2486.40 元，是 2013 年农村居民

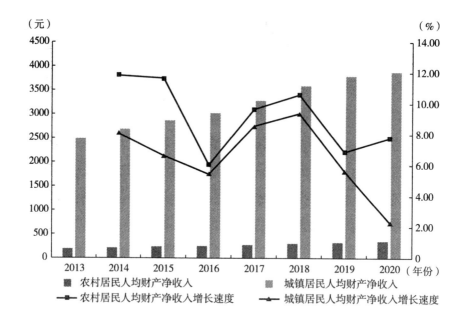

图 3-6 2013~2020 年城乡居民人均财产净收入情况对比

资料来源：国家统计局。

人均财产净收入的 13.10 倍；2020 年，我国城镇居民的人均财产净收入为
3876.04 元，是同年农村居民人均财产净收入的 11.05 倍。但在 2013~2020
年，农村居民的人均财产净收入增长速度快于我国城镇居民的人均财产净收入
增长速度，趋势相近，呈波动下降趋势。2013~2020 年，我国农村居民人均财
产净收入的平均增长速度为 9.20%，而城镇居民人均财产净收入的平均增长速
度为 6.57%。其中，2016 年，我国城镇居民与农村居民的人均财产净收入增
长速度都低于 2015 年和 2017 年，尤其是农村居民的人均财产净收入增长速
度，明显低于其他年份，呈 V 字形下降趋势。我国城乡居民人均财产净收入
的绝对值虽然小于人均工资性收入和经营净收入，但增长速度相较于人均工资
性收入和经营净收入更快。

图 3-7 显示了我国 2013~2020 年城乡居民人均财产净收入的差值和比值
情况。由图可知，2013~2020 年，我国城乡居民人均财产净收入的比值都在 10

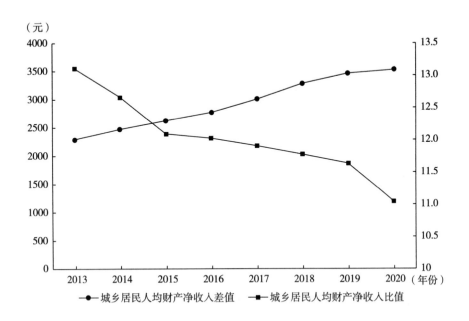

图 3-7 2013~2020 年城乡居民人均财产净收入对比

资料来源：国家统计局。

以上，呈逐渐下降趋势，由 2013 年的 13.10 下降至 2020 年的 11.05。虽然我国 2013～2020 年农村居民的人均财产净收入增长速度快于城镇居民的人均财产净收入增长速度，但由于城镇居民的财产净收入基数大于农村居民，导致城乡居民的人均财产净收入差值越来越大。

3.2.1.5 人均转移净收入发展变化

（1）农村居民人均转移净收入发展演变

表 3-5 显示了 2013～2020 年我国农村居民人均转移净收入与增长速度。由表可知，2013～2020 年，我国农村居民的人均转移净收入持续增加。2013 年，我国农村居民的人均转移净收入为 1647.52 元，2020 年我国农村居民的人均转移净收入增长到 3174.21 元。2013～2020 年我国农村居民的增长速度较高，保持在 7% 以上。但增长速度下降趋势明显，由 2014 年的 11.94% 下降至 2020 年的 7.79%。

表 3-5　2013～2020 年农村居民人均转移净收入情况　　　单位：元,%

年份	农村居民人均转移净收入（以 2012 年为基期）	农村居民转移净收入增长速度
2013	1647.52	—
2014	1844.21	11.94
2015	2004.31	8.68
2016	2217.36	10.63
2017	2448.66	10.43
2018	2691.34	9.91
2019	2944.79	9.42
2020	3174.21	7.79

资料来源：国家统计局。

（2）城乡居民人均转移净收入对比

图 3-8 显示的是我国城镇与农村居民转移净收入和增长速度的情况。由图可知，2013～2020 年，我国城镇居民的人均转移净收入明显高于农村居民的人

均转移净收入。2013 年，我国城镇居民的人均转移净收入为 4212.39 元，是 2013 年农村居民人均转移净收入的 2.62 倍；2020 年，我国城镇居民的人均转移净收入增长至 6799.34 元，是 2020 年农村居民人均转移净收入的 2.22 倍。2013~2020 年，我国农村居民人均转移净收入的增长速度在 7.5%~12%，平均增长速度为 9.70%；城镇居民人均转移净收入增长速度在 4.2%~9.3%，平均增长速度为 7.10%。此外，除 2015 年以外，我国农村居民人均转移净收入增长速度都高于城镇居民人均转移净收入增长速度。

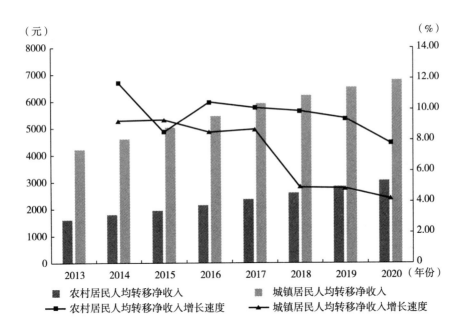

图 3-8 2013~2020 年城乡居民转移净收入情况对比

资料来源：国家统计局。

图 3-9 显示了我国 2013~2020 年我国城乡居民人均转移净收入的差值和比值情况。由图可知，2013~2020 年，我国城乡居民人均转移净收入的比值处于 2~3，比值变化较小，呈逐渐下降趋势，由 2013 年的 2.62 逐渐下降至 2020

年的 2.22。但 2013～2020 年，我国城镇居民与农村居民的人均转移净收入的差值逐渐上升，2013 年差值为 2606.93 元，2020 年差值增加到 3731.94 元。说明虽然农村居民的人均转移净收入的增长速度高于城镇居民的人均转移净收入增长速度，但两者之间的绝对值差异仍然在逐渐增大。

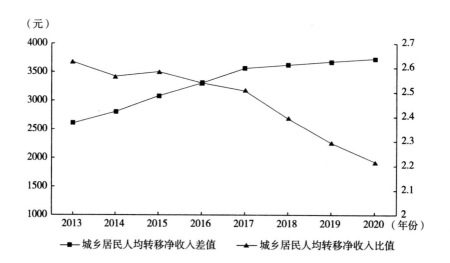

图 3-9　2013～2020 年城乡居民人均转移净收入对比

资料来源：国家统计局。

3.2.2　全国农民收入结构的变迁

我国农村居民的收入由工资性收入、经营净收入、财产净收入和转移净收入共四项收入构成。

（1）农村居民人均工资性收入

图 3-10 显示了我国农村和城镇居民人均工资性收入情况。由图可知，在我国城乡居民人均可支配收入中，工资性收入都是重要的一部分。2013～2020年，我国农村居民人均工资性收入在农村居民人均可支配收入中的占比在38%～41%，城镇居民人均工资性收入在城镇居民人均可支配收入中的比重在

60%～63%，工资性收入已是城镇居民收入中的重要部分。2013 年，我国农村居民人均工资性收入占比 38.73%，2013～2019 年呈缓慢上升的趋势，2019 年增长到 41.09%，2020 年稍稍下降，占比为 40.71%。2013～2020 年，我国城镇居民人均工资性收入占比呈缓慢下降的趋势。整体上，虽然我国农村居民的人均工资性收入已经在人均可支配收入中占较大比重，但与城镇居民人均工资性收入相比，我国农村居民人均工资性收入在人均可支配收入中的比重比较小。原因可能在于相较于城镇地区，我国农村地区的企业数量相对较少，农村居民中通过工资获得收入的人数占比也有限，致使农村居民人均可支配收入中工资性收入占比有限。

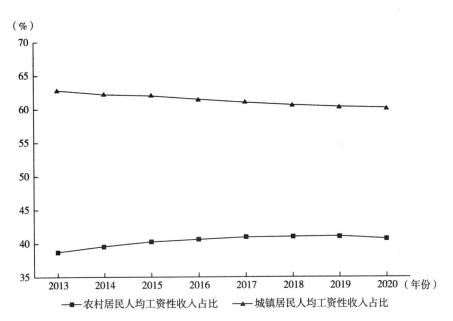

图 3-10　2013～2020 年城乡居民人均工资性收入在人均可支配收入的占比情况

资料来源：国家统计局。

（2）农村居民人均经营净收入

图 3-11 显示的是我国农村和城镇居民人均经营净收入在人均可支配收入

中的占比情况。由图 3-11 可知，2013~2020 年，我国农村居民人均可支配收入中经营净收入的比重分布在 35%~42%。2013 年，我国农村居民人均经营净收入在人均可支配收入中占比 41.73%，之后比重呈下降趋势，下降至 2020 年的 35.25%。2013~2020 年，人均经营净收入稳定增长，但增长速度比较缓慢，致使农村居民人均经营净收入占比逐渐下降。2013~2020 年，我国城镇居民人均可支配收入中，工资性收入占比分布在 10%~12%。2013~2019 年，我国城镇居民人均经营净收入占比基本保持不变，都在 11.2% 左右，在 2020 年有明显下降，占比为 10.75%。

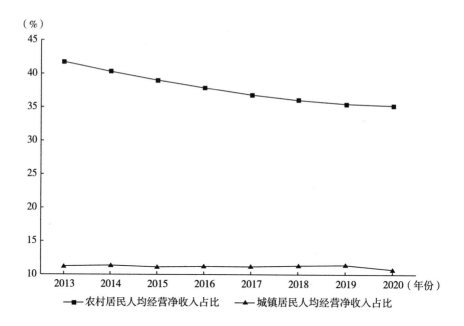

图 3-11　2013~2020 年城乡居民人均经营净收入在人均可支配收入的占比情况

资料来源：国家统计局。

（3）农村居民人均财产净收入

图 3-12 显示的是我国农村和城镇居民人均财产净收入在人均可支配收入

中的占比情况。由图 3-12 可知，2013~2020 年，我国农村和城镇居民的人均财产净收入占比都很稳定，在人均可支配收入中占比较少。其中，我国农村居民的人均财产净收入仅占人均可支配收入的 2%~3%。2013 年，我国农村居民人均财产净收入占农村居民人均可支配收入的 2.06%。2013~2020 年，我国农村居民人均财产净收入占比缓慢上升，上升至 2020 年的 2.44%。而我国城镇居民人均财产净收入占城镇居民人均可支配收入的比重稳定，在 9%~11%。2013 年，我国城镇居民人均财产净收入为 9.64%，2013~2020 年曲折上升，上升至 2020 年的 10.55%。

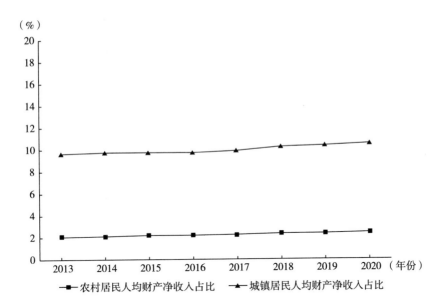

图 3-12　2013~2020 年城乡居民人均财产净收入在人均可支配收入的占比情况

资料来源：国家统计局。

（4）农村居民人均转移净收入

图 3-13 显示的是我国农村和城镇居民人均转移净收入在人均可支配收入中的占比情况。由图可知，2013~2020 年，我国农村居民人均转移净收入在人

均可支配收入中的占比略大于城镇居民人均转移净收入在城镇居民人均可支配收入的占比，两者都处于16%～22%，呈上升趋势。2013～2017年，我国城镇居民与农村居民转移净收入占比的增长趋势相差不大，2018年后，我国农村居民人均转移净收入占比增长较快，而城镇居民人均转移净收入占比增长较慢，导致2018～2020年两者差距渐渐拉大。

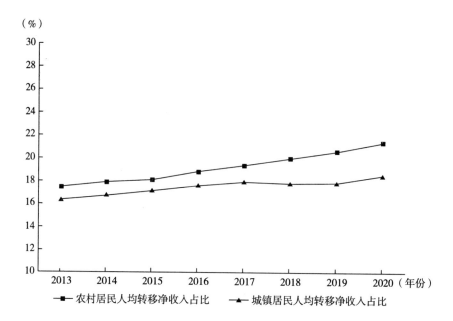

图3-13 2013～2020年城乡居民人均转移净收入在人均可支配收入的占比情况

资料来源：国家统计局。

3.2.3 省际农民收入的发展变化

（1）省际农民收入总体情况

根据《中国统计年鉴》2019年的数据，将全国30个省份的农村居民人均可支配收入、农村居民人均工资性收入、农村居民人均经营净收入、农村居民人均财产净收入、农村居民人均转移净收入进行分析，选取最大值、最小值、均值和方差、标准差五个指标（见表3-6），来比较我国农村居民收入情况的省际差异。

表 3-6　2019 年省际农民收入总体情况　　　　　　单位：元

项目	最大值	最小值	均值	方差	标准差
农村居民人均可支配收入	28252.15	8393.46	14548.49	22677022.77	4762.04
农村居民人均工资性收入	18455.12	2413.88	6360.95	17638409.95	4199.81
农村居民人均经营净收入	7136.31	1953.05	4817.26	1844297.82	1358.05
农村居民人均财产净收入	1836.75	106.18	410.15	124339.27	352.62
农村居民人均转移净收入	8105.96	1591.31	2960.14	1275335.30	1129.31

由表 3-6 可知，农村居民人均可支配收入、人均工资性收入、人均经营净收入、人均财产净收入和人均转移净收入的省际差异较大。从最大值、最小值来看，农村居民人均可支配收入的极差很大，且农村居民人均可支配收入标准差也很大，说明农村居民人均可支配收入省际差异较大，分布较为不均。在农村居民人均可支配收入的四项来源中，人均工资性收入极差最大，达到16041.24 元，标准差也最大，达到 4199.81 元。可见，人均工资性收入分布最为不均，工资性收入较高的地区与工资性收入较低的地区差距特别大，这可能是受经济发展程度、城镇化水平和物价水平等因素的影响；农村居民人均财产净收入的极差最小，为 1730.57 元，标准差也最小，仅为 352.62 元，其原因可能是 30 个省份的农村居民人均财产净收入都处在比较低的水平，与平均值的差距都不大，分布较为集中；农村居民人均经营净收入和人均转移净收入的极差分别是 5183.26 元、6514.65 元，标准差分别是 1358.05 和 1129.31，虽然人均转移净收入的极差比人均经营净收入的极差大，但是人均转移净收入的标准差比人均经营净收入的标准差小，说明我国省际农村居民人均转移净收入更为稳定。

（2）省际农村居民人均可支配收入情况

图 3-14 是 2019 年我国 30 个省份农村居民人均可支配收入情况。2019

年，我国省际农村居民人均可支配收入均值为 14548.49 元。由图 3-14 可知，在这 30 个省份中，上海农村居民人均可支配收入最高，达到 28252 元，浙江次之，达到 25767 元，北京位居第三，为 24976 元。其中，北京、上海两地城镇化率较高，达到 90% 左右，且人口密集，交通便利；浙江省气候适宜农业种植，渔业也发达，且水陆交通便利，以至于农村农业发展较好，农村居民人均可支配收入较高。此外，天津、江苏、广东、福建四个省份农村居民人均可支配收入处于较高水平，为 16000~22000 元。还有 14 个省份人均可支配收入处于 12000~16000 元，这 14 个省份的农村居民人均可支配收入相差并不太大。甘肃、贵州、青海是我国农村居民人均可支配收入最低的省份，其原因可能是这三省所处地势与气候环境相对不利于农业发展，加之交通条件不便利，与外界贸易不方便，商业不发达等。

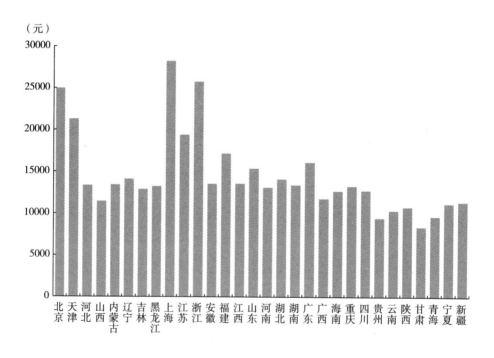

图 3-14　2019 年省际农民人均可支配收入情况

资料来源：国家统计局。

（3）省际人均可支配收入来源情况

2019年，省际农村居民人均工资性收入如图3-15（a）所示，北京、上海、天津、江苏、浙江和广东是我国农村居民人均工资性收入最高的六个省份。同时，将2019年省际农村居民人均工资性收入〔见图3-15（a）〕与2019年省际农村居民人均经营净收入〔见图3-15（b）〕、2019年省际农村居民人均财产净收入〔见图3-15（c）〕进行对比，发现农村居民人均工资性收入较高的地区其人均财产净收入也较高，两者呈正向关系，其中，北京、上海、天津、浙江、江苏在省际人均财产净收入中依然位居前列；相反，农村居民人均工资性收入较高的地区其人均转移净收入较低，两者呈反向关系，其中北京、

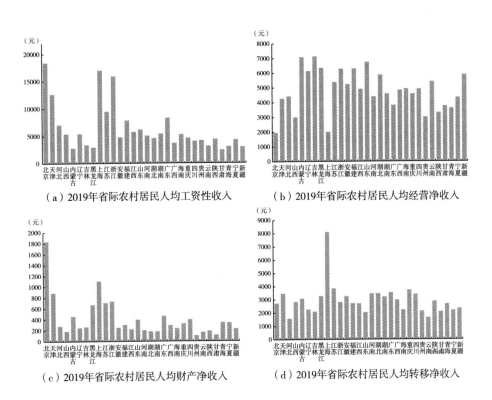

图3-15　2019年省际农民人均工资性收入、经营净收入、财产净收入、转移净收入情况

资料来源：国家统计局。

上海是我国农村居民人均经营净收入最低的两个省份，而内蒙古、吉林、黑龙江、新疆等省份在省际农村居民人均工资性收入中处于较低水平，但其在省际农村居民人均经营净收入中处于较高水平。

2019 年省际农村居民人均财产净收入如图 3-15（c）所示，北京是农村居民人均财产净收入最高的地区，位居第一，上海位居第二。2014～2019 年，北京和上海农村居民人均财产净收入的平均增长速度分别为 15.92% 和 13.16%。财产净收入的主要来源于房屋出租与土地使用权出让，这两项收入均因土地增值与外来人员增多而增长。作为我国的一线城市，北京和上海拥有丰富的就业机会和资源，外来人口较多，从而增加了北京和上海的财产净收入。但随着土地宏观调控的深入，土地增值空间将变小，即使外来人员能持续增长，财产净收入也将难以继续保持快速增长。此外，天津、江苏、浙江、黑龙江和广东的人均财产净收入也处于较高的水平。从中可以发现，我国农村居民人均财产净收入高的地区大多集中在京津冀和东部地区等经济较发达的地区。贵州、云南和甘肃是我国农村居民人均财产净收入最少的省份。

2019 年省际农村居民人均转移净收入如图 3-15（d）所示，上海农村居民人均转移净收入明显高于其他省份，高达 8105.96 元，位居第一，是江苏人均转移净收入（位居第二）的两倍以上。2014～2019 年，上海农村居民人均转移净收入占比由 2014 年的 11.74% 增长到 2019 年的 27.28%，上海的人均转移净收入增速都在 10% 以上，平均增速为 22.39%。转移净收入逐步成为上海农村居民增收的重要来源，增量贡献率迅速上升，其中，2018 年增速达到 50.69%，增长迅速。2014～2019 年，转移净收入是四项收入来源中增长速度最快的一项。根据第七次全国人口普查数据，上海常住人口城镇化率达到 89.3%，且上海 60 岁以上人口比例高达 23.4%。随着上海农村居民老年人口比例的扩大，加之离退休金、养老金发放范围扩大、标准提高，上海农村居民的离退休金、养老金快速增长，成为上海转移净收入的主要来源。

（4）省际农民收入结构情况

图 3-16 显示的是省际农村居民人均可支配收入结构情况，分别是 2019 年我国省际农村居民人均工资性收入、人均经营净收入、人均财产净收入、人均转移净收入在我国省际人均可支配收入的占比情况。由图 3-16 可知，在我国农村居民人均可支配收入中，人均工资性收入和人均经营净收入构成其主要部分。在我国 30 个省份中，大部分省份的农村居民人均工资性收入占比处于30%~60%，平均占比为 38.10%，而在我国农村居民人均经营净收入占比中，大部分省份处于 20%~40%，平均占比为 33.44%，两者是我国省际农村居民人均

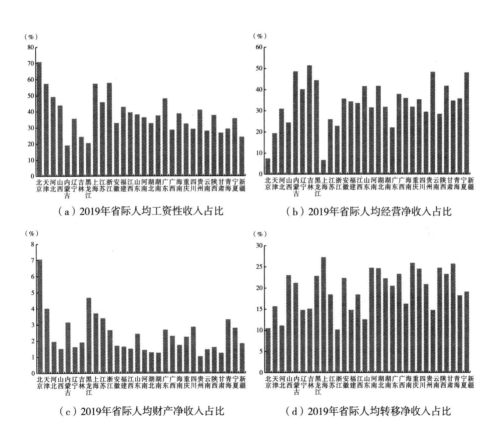

（a）2019 年省际人均工资性收入占比

（b）2019 年省际人均经营净收入占比

（c）2019 年省际人均财产净收入占比

（d）2019 年省际人均转移净收入占比

图 3-16 2019 年省际农村居民人均可支配收入结构情况

可支配收入来源中重要的组成部分。我国大部分省份农村居民人均转移净收入占比处于 10%~25%，平均占比为 19.59%。而我国大部分省份农村居民人均财产净收入只占 2%~4%，平均占比为 2.41%，该项收入在我国农村居民人均可支配收入中的占比最小。

由图 3-16（a）可知，人均工资性收入占比最高的六个省份为北京、天津、河北、上海、浙江、广东。其中，北京农村居民人均工资性收入占其人均可支配收入的 70.96%，该项收入成为北京农村居民人均可支配收入的主要来源。天津、河北、上海、浙江、广东的农村居民人均工资性收入占比为 45%~60%，也是其人均可支配收入的主要来源。内蒙古、黑龙江、吉林、新疆的农村居民人均工资性收入占比最小，占比只在 20%左右。

由图 3-16（b）可知，我国农村居民人均经营净收入占比省际差异较大。其中，吉林省农村居民人均经营净收入占比最大，达 51.44%。内蒙古、甘肃、云南、黑龙江、辽宁、山东、湖北、新疆八个省份农村居民人均经营净收入占比也较高，为 40%~50%，经营净收入是其农村居民可支配收入的重要来源。北京、上海是农村居民人均经营净收入占比最低的两个省份，占比不到 10%。浙江、广东、天津、江苏四个省份的农村居民人均经营净收入占比也较低，在 20%左右。而我国 30 个省份的农村居民人均经营净收入占比平均值为 33.44%，人均经营净收入占比最低的六个省份的数值远低于平均值。农村居民人均经营净收入占比较高的地区主要是东北、西南、西北地区，而农村居民人均经营净收入占比较低的地区主要是北上广及东南沿海地区。

由图 3-16（c）可知，我国农村居民人均财产净收入占比省际差异不大。我国 30 个省份平均占比为 2.41%，其中最高的是北京，占比为 7.06%，其他省份的农村居民人均财产净收入占比为 1%~5%，在人均可支配收入中占比较小，省际差距不大。

由图 3-16（d）可知，我国 30 个省份的农村居民人均转移净收入占比相较于农村居民人均经营净收入占比省际差异较小，表现较为稳定。其中，北京、河北、浙江三个省份的农村居民转移净收入占比最小，仅在 10% 左右。

3.2.4 我国农民收入的省际差异

为了分析我国 30 个省份农村居民人均可支配收入及各项收入来源的省际差异和结构变迁，对 2013 年、2019 年我国 30 个省份农村居民人均可支配收入和各项收入来源进行 K-均值聚类，聚类分析结果如下。

（1）农村居民人均可支配收入

表 3-7 和表 3-8 是 2013 年、2019 年我国人均可支配收入的聚类分析结果。基于 2013 年、2019 年省际农村人均可支配收入的数据，通过 K-均值聚类分析，将我国 30 个省份分为三类（见表 3-7）。2013 年，一类有北京、天津、上海、浙江共四个省份，均值为 16831.45 元；二类有辽宁、吉林、江苏、福建、山东、湖北、广东共七个省份，均值为 10635.41 元；其余 19 个省份归为三类，均值为 7780.65 元。2019 年，一类由四个省份减少为三个，天津降到二类，二类由七个省份减少到五个，但 2019 年二类的均值已经超过 2013 年一类的均值，达到 17875.78 元；2019 年三类的均值超过 2013 年二类的均值，达到 12185.51 元。根据 2013 年、2019 年聚类分析结果的标准差可以看出，一类、二类和三类的标准差都变大了，说明我国省际农村居民人均可支配收入整体提高较多，且 30 个省份的农村居民收入增长不均衡，省际差异增大。

表 3-7　2013 年、2019 年农村居民人均可支配收入 K-均值聚类
分析结果（地区分类）

2013 年 K-均值 聚类分析结果	一类	北京、天津、上海、浙江
	二类	辽宁、吉林、江苏、福建、山东、湖北、广东
	三类	河北、山西、内蒙古、黑龙江、安徽、江西、河南、湖南、广西、海南、重庆、四川、贵州、云南、陕西、甘肃、青海、宁夏、新疆

续表

2019年K-均值聚类分析结果	一类	北京、上海、浙江
	二类	天津、江苏、福建、山东、广东
	三类	河北、山西、内蒙古、辽宁、吉林、黑龙江、安徽、江西、河南、湖北、湖南、广西、海南、重庆、四川、贵州、云南、陕西、甘肃、青海、宁夏、新疆

表3-8 2013年、2019年农村居民人均可支配收入 K-均值聚类
分析结果（数据分析）　　　单位：元

	案例的类别号	均值	N	标准差
2013年K-均值聚类分析结果	一类	16831.45	4	1600.65
	二类	10635.41	7	1303.19
	三类	7780.65	19	1148.04
	总计	9653.53	30	3327.44
2019年K-均值聚类分析结果	一类	26331.46	3	1709.76
	二类	17875.78	5	2445.07
	三类	12185.51	22	1630.67
	总计	14548.49	30	4843.45

（2）农民居民人均工资性收入

由表3-9和表3-10可知，2013年、2019年省际农村居民人均工资性收入 K-均值聚类分析结果特征明显：首先，30个省份中，一类、二类分布较少，大部分都集中在三类，三类的省份都超过20个，2013年有23个省份归为三类，2019年有22个省份归为三类；其次，一类、二类、三类的均值相差较大，说明我国省际农村居民发展模式各有不同，农村居民收入来源结构也不同；最后，由表3-9可知，2013年与2019年聚类的结果变化很小，只有两个省份变动，浙江由二类升至一类，河北由三类升至二类，说明2013~2019年我国30个省份的人均工资性收入结构变化并不大。2013年，一类农村居民人均工资性收入均值为13456.38元，仅有北京和上海；而三类仅有2640.04元，省际差异很大。2019年，一类均值为17143.88元，三

类均值也有增长，但增长较少，2019 年达到 4274.19 元。同时，由表 3-9 和表 3-10 可知，2013~2019 年，我国农村居民人均工资性收入聚类分析结果中一类、二类的标准差都缩小，而三类的标准差略有增长，原因可能是省际增长速度不均。

表 3-9　2013 年、2019 年农村居民人均工资性收入 K-均值聚类
分析结果（地区分类）

	一类	北京、上海
2013 年 K-均值聚类分析结果	二类	天津、江苏、浙江、福建、广东
	三类	河北、山西、内蒙古、辽宁、吉林、黑龙江、安徽、江西、山东、河南、湖北、湖南、广西、海南、重庆、四川、贵州、云南、陕西、甘肃、青海、宁夏、新疆
	一类	北京、上海、浙江
2019 年 K-均值聚类分析结果	二类	天津、河北、江苏、福建、广东
	三类	山西、内蒙古、辽宁、吉林、黑龙江、安徽、江西、山东、河南、湖北、湖南、广西、海南、重庆、四川、贵州、云南、陕西、甘肃、青海、宁夏、新疆

表 3-10　2013 年、2019 年农村居民人均工资性收入 K-均值聚类
分析结果（数据分析）　　　　　　　单位：元

	案例的类别号	均值	N	标准差
2013 年 K-均值聚类分析结果	一类	13456.38	2	1572.67
	二类	7098.77	5	2223.80
	三类	2640.04	23	934.48
	总计	4104.25	30	3272.33
2019 年 K-均值聚类分析结果	一类	17143.88	3	1261.91
	二类	9072.91	5	2192.16
	三类	4274.19	22	1098.83
	总计	6360.95	30	4271.61

（3）农民居民人均经营净收入

由 2013 年、2019 年的省际农村居民人均经营净收入 K-均值聚类分析结果可知（见表 3-11 和表 3-12），与省际农村居民人均工资性收入相比，我国省际农村居民经营净收入聚类结果分布较为均匀，且一类、二类和三类均值差距较小，标准差也都较小，说明我国省际农村居民人均经营净收入整体省际差异与农村居民人均工资性收入相比较小。2013 年，我国省际农村居民人均经营净收入聚类结果中，归为一类的省份有 7 个，均值为 5457.96 元；二类有 12 个省份，均值为 3966.44 元；三类有 11 个省份，均值为 2482.84 元。2019 年，福建和湖北由二类上升为一类，一类均值增加到 6424.53 元；河北、湖南、重庆、甘肃、广东上升至二类，二类均值增加到 4652.57 元；三类由 11 个省份减少到 6 个，分别为北京、山西、上海、贵州、陕西、青海。我国省际农村居民人均经营净收入聚类分析结果中，内蒙古、辽宁、吉林、黑龙江、浙江、山东、新疆都在一类，这一点与其他几项收入来源的聚类分析结果不同。

表 3-11 2013 年、2019 年农村居民人均经营净收入 K-均值聚类
分析结果（地区分类）

2013 年 K-均值聚类分析结果	一类	内蒙古、辽宁、吉林、黑龙江、浙江、山东、新疆
	二类	天津、江苏、安徽、福建、江西、河南、湖北、广西、海南、四川、云南、宁夏
	三类	北京、河北、山西、上海、湖南、广东、重庆、贵州、陕西、甘肃、青海
2019 年 K-均值聚类分析结果	一类	内蒙古、辽宁、吉林、黑龙江、浙江、福建、山东、湖北、新疆
	二类	天津、河北、江苏、安徽、江西、河南、湖南、广东、广西、海南、重庆、四川、云南、甘肃、宁夏
	三类	北京、山西、上海、贵州、陕西、青海

（4）农民居民人均财产净收入

表 3-13 和表 3-14 展示了 2013 年、2019 年的省际农村居民人均财产净收入 K-均值聚类分析结果。由表 3-13 和表 3-14 可知，我国 30 个省份中大部分

表 3-12 2013 年、2019 年农村居民人均经营净收入 K-均值聚类
分析结果（数据分析） 单位：元

	案例的类别号	均值	N	标准差
2013 年 K-均值聚类 分析结果	一类	5457.96	7	735.48
	二类	3966.44	12	438.59
	三类	2482.84	11	615.64
	总计	3770.47	30	1283.63
2019 年 K-均值聚类 分析结果	一类	6424.53	9	471.45
	二类	4652.57	15	503.77
	三类	2818.07	6	687.10
	总计	4817.26	30	1381.27

表 3-13 2013 年、2019 年农村居民人均财产净收入 K-均值聚类
分析结果（地区分类）

2013 年 K-均值 聚类分析结果	一类	北京、天津
	二类	内蒙古、黑龙江、上海、江苏、浙江、广东
	三类	河北、山西、辽宁、吉林、安徽、福建、江西、山东、河南、湖北、湖南、广西、海南、重庆、四川、贵州、云南、陕西、甘肃、青海、宁夏、新疆
2019 年 K-均值 聚类分析结果	一类	北京
	二类	天津、黑龙江、上海、江苏、浙江
	三类	河北、山西、内蒙古、辽宁、吉林、安徽、福建、江西、山东、河南、湖北、湖南、广东、广西、海南、重庆、四川、贵州、云南、陕西、甘肃、青海、宁夏、新疆

都集中在三类，一类和二类较少，且与省际农村居民工资性收入、经营净收入聚类结果相比，人均财产净收入一类、二类和三类的均值差距更小，方差也更小。2013 年，省际农村居民人均财产净收入聚类分析结果为一类的有北京和天津，均值为 718.34 元，二类有 6 个省份，分别为内蒙古、黑龙江、上海、江苏、浙江、广东，均值为 434.75 元；三类有 22 个省份。2019 年，一类仅剩

北京市，农村居民人均财产净收入达到 1836.75 元，远远超过 2013 年一类的均值，而上海未达到 2019 年一类的水平，说明我国 2013~2019 年农村居民人均财产净收入增长并不均衡，北京增长得特别快；2019 年农村居民人均财产净收入为二类的共有五个省份，分别是天津、黑龙江、上海、江苏、浙江；内蒙古和广东由 2013 年的二类在 2019 年变为三类；2019 年二类的农村居民人均财产净收入均值已经超过 2013 年一类的均值；农村居民人均财产净收入为三类的省份数量增加，达到 24 个。

表 3-14　2013 年、2019 年农村居民人均财产净收入 K-均值聚类

分析结果（数据分析）　　　　　　　单位：元

	案例的类别号	均值	N	标准差
2013 年 K-均值聚类分析结果	一类	718.34	2	63.47
	二类	434.75	6	66.13
	三类	133.02	22	48.95
	总计	232.38	30	186.75
2019 年 K-均值聚类分析结果	一类	1836.75	1	—
	二类	820.45	5	178.03
	三类	265.22	24	98.34
	总计	410.15	30	358.65

（5）农村居民人均转移净收入

由表 3-15 和表 3-16 可知，2013 年与 2019 年的省际农村居民人均转移净收入 K-均值聚类分析结果差异较大。由于 2019 年上海的农村居民人均可支配收入远远超过其他省份，进行 K-均值聚类分析时，将上海剔除，列为特类。将其他 29 个省份依据农村居民人均转移净收入聚类为三类。通过 2013 年、2019 年 K-均值聚类分析结果对比可以发现，北京、江西、广西由一类下降至二类，河北、贵州、甘肃由二类下降至三类。天津、黑龙江分别由二类、三类

表 3-15　2013 年、2019 年农村居民人均转移净收入 K-均值聚类
分析结果（地区分类）

2013 年 K-均值聚类分析结果	一类	北京、上海、江苏、安徽、江西、河南、湖北、湖南、广东、广西、重庆、四川
	二类	天津、河北、山西、内蒙古、浙江、福建、贵州、陕西、甘肃、青海
	三类	辽宁、吉林、黑龙江、海南、云南、宁夏、新疆、山东
2019 年 K-均值聚类分析结果	特类	上海
	一类	天津、黑龙江、江苏、安徽、河南、湖北、湖南、广东、重庆、四川
	二类	北京、山西、浙江、福建、江西、广西、陕西、青海、内蒙古
	三类	河北、辽宁、吉林、山东、海南、贵州、云南、甘肃、宁夏、新疆

表 3-16　2013 年、2019 年农村居民人均转移净收入 K-均值聚类
分析结果（数据分析）　　　　　　　　　　单位：元

	案例的类别号	均值	N	标准差
2013 年 K-均值聚类分析结果	一类	1960.42	12	212.64
	二类	1456.74	10	145.40
	三类	1041.89	8	212.91
	总计	1547.59	30	422.57
2019 年 K-均值聚类分析结果	特类（上海）	8105.96	1	—
	一类	3463.38	10	198.35
	二类	2823.02	9	142.06
	三类	2065.72	10	250.23
	总计	2960.14	30	1148.61

上升至一类。比较表 3-16 中各类均值可以发现，2013 年我国省际人均农村居民转移净收入一类、二类、三类均值分别为 1960.42 元、1456.74 元、1041.89 元。一类、二类、三类各有 12 个、10 个、8 个省份。而在 2019 年，三类的均值已经达到了 2065.72 元，已经超过了 2013 年的一类的均值，说明我国整体农村居民的转移净收入增长较快，但发展不够均衡，2013~2019 年的省际增长程度差异较大。由于 2013 年、2019 年省际农村居民人均转移净收入聚类分析

结果变化较大，将 2013 年、2019 年我国省际农村居民转移净收入做成折线图，如图 3-17 所示。

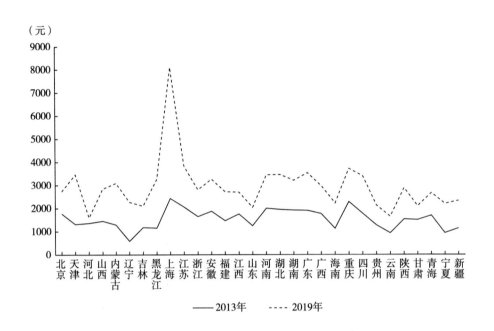

图 3-17 2013 年、2019 年我国省际农村居民转移净收入对比

由图 3-17 可知，2013 年、2019 年，我国 30 个省份的农村居民转移净收入增长程度差别较大。2013 年，上海的农村居民人均转移净收入虽位居第一，但与重庆（位居第二）、江苏（位居第三）差距并不大。而在 2019 年，上海的农村居民人均转移净收入已经远远超过其他省份。此外，河北、山东、甘肃增长较慢。而上海、天津、江苏、河南、湖北、四川等省份增长较快。

3.3 农村金融的发展现状

3.3.1 农村金融服务总体发展变化

（1）我国农村金融机构总体数量

表 3-17 显示了 2008~2019 年我国农村小型金融机构和农村新型金融机构的数量及增长速度。由表 3-17 可知，自 2008 年以来，农村小型金融机构数量相对稳定，2008~2019 年农村小型金融机构的数量为 75000~78000 家，且增长速度为-2%~2%，增长速度变化不大。农村新型金融机构自 2006 年 12 月 20 日原中国银行业监督管理委员会发布《关于调整放宽农村地区银行业金融机构准入政策更好支持社会主义新农村建设的若干意见》后开始逐步建立，2008 年已经有 292 家，此后我国农村新型金融机构的数量随着政策的变化而变化，2008~2012 年我国农村新型金融机构的数量不稳定，每年数量变动较大。2013 年后，我国农村新型金融机构的数量逐步稳定，以较快速度增长。2013 年，我国农村新型金融机构数量为 1979 家，2019 年增长至 7117 家，2013~2019 年平均增长速度为 29.64%。截至 2019 年底，我国共有农村金融机构数量 83857 家。

表 3-17　2008~2019 年我国小型农村金融机构和农村新型金融机构数量及增长速度

单位：家，%

年份	农村小型金融机构[①]数量	增长速度	农村新型金融机构[②]数量	增长速度	农村金融机构数量合计
2008	75810	—	292	—	76102

---

① 农村小型金融机构包括农村商业银行、农村合作银行和农村信用社。
② 农村新型金融机构包括村镇银行、贷款公司和农村资金互助社三类机构。

年份	农村小型金融 机构数量	增长速度	农村新型金融 机构数量	增长速度	农村金融机构 数量合计
2009	75629	-0.24	1668	471.23	77297
2010	75857	0.30	468	-71.94	76325
2011	76384	0.69	1341	186.54	77725
2012	75816	-0.74	1284	-4.25	77100
2013	77280	1.93	1979	54.13	79259
2014	77170	-0.14	2707	36.79	79877
2015	77889	0.93	4213	55.63	82102
2016	77756	-0.17	5215	23.78	82971
2017	77661	-0.12	6148	17.89	83809
2018	77052	-0.78	5450	-11.35	82502
2019	76740	-0.40	7117	30.59	83857
平均增速	0.11		71.73		

资料来源：2009~2020 年中国区域金融运行报告。

（2）我国农村金融机构从业人员情况

由表 3-18 可知，我国农村小型金融机构的从业人员较多，而农村新型金融机构的从业人员相对较少，但农村新型金融机构从业人员的增长速度比农村小型金融机构从业人员的增长速度快很多。2013~2019 年，农村新型金融机构从业人员的平均增长速度达到 21.97%，2013 年增长速度最高，达到 41.07%；而 2013~2019 年，我国农村小型金融机构从业人员增长速度一直都较低，平均速度为 1.08%，2013 年增长速度最高，为 4.04%。原因可能是农村小型金融机构在我国建立较早，发展时间较长，群众基础较多，发展规模较大，而农村新型金融机构自 2006 年底开始逐渐建立，2013~2017 年农村新型金融机构设立增多（见表 3-17）。但由表 3-18 可知，2013~2018 年，农村新型金融机构从业人员的增长速度逐渐变慢，这与农村新型金融机构数量有关。

表 3-18 2012~2019 年我国农村小型金融机构和农村新型金融机构
从业人员数量及增长速度 单位：人，%

年份	农村小型金融机构从业人员数量	增长速度	农村新型金融机构从业人员数量	增长速度	农村金融机构从业人员数量合计
2012	844892	—	42781	—	875219
2013	879030	4.04	58378	41.07	921811
2014	897485	2.10	79196	36.46	955863
2015	902879	0.60	93369	35.66	982075
2016	910094	0.80	109769	17.90	1003463
2017	921146	1.21	107018	17.56	1030915
2018	912850	−0.90	42781	−2.51	1019868
2019	909984	−0.31	58378	7.64	1025177
平均增速	1.08		21.97		

资料来源：2009~2020 年中国区域金融运行报告。

（3）我国农村金融机构密度

图 3-18 显示的是 2012~2019 年我国总体的农村金融机构密度。2012~2019 年，我国农村金融机构从业人员密度为 1~2 家，呈稳定且逐步上升的趋势。2012 年，我国农村居民平均每万人拥有 1.21 家农村金融机构，2019 年，我国农村金融机构密度上升至每万人（农村居民）拥有 1.59 家。2012~2019 年，我国农村金融机构密度增长了 31.40%。但我国农村金融机构密度的上升不仅是由于我国农村金融机构数量的增加，还有一部分原因在于我国农村常住居民的减少。我国城镇人口的增加和城市化率的提高导致农村金融机构数量与农村居民数量的比值逐渐增大，农村金融机构人均拥有量增加。

（4）我国农村金融机构从业人员密度

图 3-19 显示的是 2012~2019 年我国总体的农村金融机构从业人员密度。2012~2019 年，我国农村金融机构从业人员密度为 12~20 人，且呈稳步上升趋势。2012 年，我国农村居民平均每万人中有 13.73 人在农村金融机构工作，2019 年，我国农村金融机构从业人员密度上升至平均每万人中有 19.50 人。

◇ 农民增收与农村金融发展

2012~2019 年，我国农村金融机构从业人员密度增长了 42.02%，增长速度快于我国农村金融机构密度。

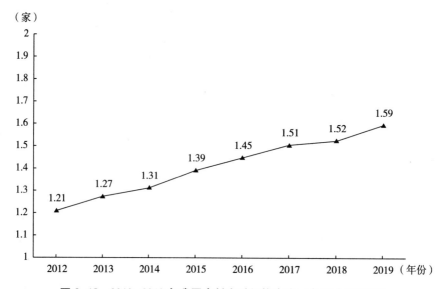

图 3-18　2012~2019 年我国农村金融机构密度（每万人拥有量）

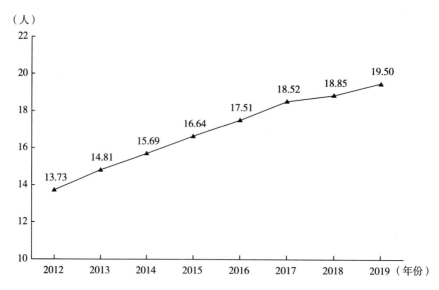

图 3-19　2012~2019 年我国农村金融机构从业人员密度（每万人从业量）

3.3.2 省际农村金融服务的发展变化

（1）省际农民收入总体情况

以 2019 年为例，将 30 个省份的农村金融机构数量、农村金融机构密度、农村金融机构从业人员数量、农村金融机构从业人员密度进行分析，选取最大值、最小值、均值、方差和标准差五个指标（见表 3-19），来比较我国农村居民收入情况的省际差异。

表 3-19　2019 年省际农民金融服务总体情况　　　　单位：家，人

	最大值	最小值	均值	方差	标准差
农村金融机构数量	6139	379	2795.23	2801506.25	1673.77
农村金融机构密度（每万人拥有量）	2.84	0.97	1.68	0.23	0.48
农村金融机构从业人员数量	78061	4795	34172.57	417136541.05	20423.92
农村金融机构从业人员密度（每万人从业量）	43.08	10.68	21.59	66.13	8.13

　　由表 3-19 可知，我国农村金融机构数量和农村金融机构从业人员数量的省际差异较大。农村金融机构数量的极差达到 5760，方差、标准差的数值都较大，标准差为 1673.77，这说明由于省际区域面积、省内农村常住人口数量、人口分布等情况造成省际农村金融机构在数量上的差异较大。而比较农村金融机构密度最大值与最小值可以发现，极差为 1.87，方差仅为 0.23，分布较集中，省际差异较小。农村金融机构从业人员数量的最大值为 78061，最小值为 4795，相差 73266，极差较大，说明我国农村金融机构从业人员数量的省际差异较大。而农村金融机构从业人员密度的极差为 32.4，方差为 66.13，分布较稳定。这些数据体现出我国虽然农村金融机构数量和从业人员数量省际差异较大，但考虑到农村常住人口基数的不同，农村金融机构数量和从业人员数量与农村常住人口的比值的省际差异缩小，说明我国农村地区的金融服务水平

的绝对总体差距仍然存在，但相对差异较小。

（2）省际农村金融服务情况

图 3-20 分别展示了 2019 年我国 30 个省份的农村金融机构数量、农村金融机构密度、农村金融机构从业人员数量和农村金融机构从业人员密度。图 3-21 是我国 30 个省份的农村常住人口数量。由图 3-20（a）可以看出，我国农村金融机构数量较多的五个省份分别是四川、广东、山东、河南、河北，每个省的农村金融机构数量都超过 5000 家。由图 3-21 可知，这五省也是我国 30 个省份中农村常住人口最多的地方，因此，这五省的农村金融机构数量较多与农村常住人口多有较大关系。北京、上海、天津、青海、宁夏、海南是农村金融机构数量最少的六个省份〔见图 3-20（a）〕，对比图 3-21 可以发现，这六个省份的农村常住人口相对较少。

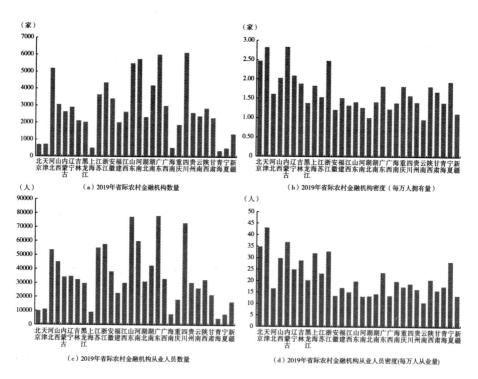

（a）2019 年省际农村金融机构数量

（b）2019 年省际农村金融机构密度（每万人拥有量）

（c）2019 年省际农村金融机构从业人员数量

（d）2019 年省际农村金融机构从业人员密度（每万人从业量）

图 3-20　2019 年省际农村金融机构数量及密度、农村金融机构从业人员数量及密度

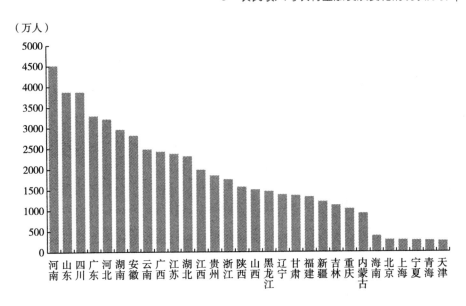

（万人）

图 3-21 2019 年我国省际农村常住人口数量

资料来源：国家统计局。

由图 3-20（b）可以看出，我国 30 个省份的农村金融机构密度处于 0.9~3。其中，北京、天津、内蒙古、浙江的农村金融机构密度水平位居前四，农村居民中每万人拥有超过 2.4 家的农村金融机构，而我国农村金融机构总体密度仅为 1.59 家。相比之下，这四个省份的农村金融机构密度较大。而湖北、云南、安徽和新疆的农村金融机构密度较小，农村居民中平均每万人仅拥有 1 家左右。

由图 3-20（c）可以看出，农村金融机构从业人员数量的省际差异较大，为 0~80000 人。其中，山东、广东、四川三个省份的农村金融机构从业人数最多，超过 70000 人。对比图 3-21 可知，这三个省份的农村常住人口也较多。河南作为农村常住人口最多的省份之一，其农村金融机构数量位列第四。而北京、天津、上海、海南、青海、宁夏等省份的农村金融机构从业人数较少，只有 10000 人左右，且是常住人口较少的省份。对比图 3-20（a）和图 3-20（c），可见两者分布相似，农村金融机构数量多的省份其农村金融机构从业人员数量也较多。

从图 3-20（d）中可以看到，我国 30 个省份的农村金融机构从业人员密度省际差异较小，平均值在 21.59 人。我国 30 个省份的农村金融机构从业人员密度大部分分布在 13~25 人。天津的农村金融机构从业人员数量最大，达到农村居民中每万人有 40.08 人任职于农村金融机构。此外，北京、内蒙古、浙江、上海、宁夏、陕西、吉林七个省份的农村金融机构从业人员密度较大。云南省的农村金融机构从业人员密度较小，密度仅为 10.68 人。

3.3.3 中国农村金融服务的省际差异

对 2013 年、2019 年我国省际农村金融机构密度和农村金融机构从业人员密度进行 K-均值聚类分析。

（1）农村金融机构密度

从总体水平上看，聚类分析结果变化不大。30 个省份的平均值由 2013 年的 1.40 家增加到 2019 年的 1.68 家，增长了 20%。通过 K-均值聚类分析，将 2013 年和 2019 年的金融机构密度分成三类，由聚类分析结果可以看出，2013 年，一类的省份有 5 个，分别是北京、天津、山西、内蒙古、浙江，平均值为 2.27 家；2019 年，聚类分析结果在一类的省份只有 4 个，分别是北京、天津、内蒙古、浙江，平均值为 2.65 家，而山西在 2019 年下滑到二类，说明此时山西虽有增长，但增速与北京、天津、内蒙古、浙江相比较慢。2013 年和 2019 年，聚类分析结果分布在三类的省份较多，均为 15 个。三类的均值由 1.07 家增长到 1.31 家，增长了 22.43%，增长速度快于全国省际平均水平（见表 3-20 和表 3-21）。

表 3-20 2013 年、2019 年农村金融机构密度 K-均值聚类分析结果（地区分类）

2013 年 K-均值聚类分析结果	一类	北京、天津、山西、内蒙古、浙江
	二类	河北、辽宁、上海、福建、广东、重庆、四川、陕西、甘肃、宁夏
	三类	吉林、黑龙江、江苏、安徽、江西、山东、河南、湖北、湖南、广西、海南、贵州、云南、青海、新疆

2019 年 K-均值聚类分析结果	一类	北京、天津、内蒙古、浙江
	二类	河北、山西、辽宁、吉林、上海、广东、重庆、四川、陕西、甘肃、宁夏
	三类	黑龙江、江苏、安徽、福建、江西、山东、河南、湖北、湖南、广西、海南、贵州、云南、青海、新疆

表 3-21　2013 年、2019 年农村金融机构密度 K-均值聚类分析结果（数据分析）

单位：家

	案例的类别号	均值	N	标准差
2013 年 K-均值聚类分析结果（每万人拥有量）	一类	2.2673	5	0.1626
	二类	1.4740	10	0.1647
	三类	1.0663	15	0.1364
	总计	1.4024	30	0.4585
2019 年 K-均值聚类结果（每万人拥有量）	一类	2.6546	4	0.2041
	二类	1.8322	11	0.1596
	三类	1.3103	15	0.1706
	总计	1.6809	30	0.4875

（2）农村金融机构从业人数密度

表 3-22 和表 3-23 展示了我国农村金融机构从业人员密度的 K-均值聚类分析情况。由表 3-22 可知，2013 年，我国 30 个省份中农村金融机构从业人员密度聚类分析结果在一类的省份有北京、天津、山西、内蒙古、辽宁、上海、浙江，均值为 27.35 人；2019 年，山西、辽宁、上海、浙江下滑为二类，一类仅剩三个省份，均值增加到 38.24 人。2013 年，农村金融机构从业人员密度聚类分析结果在二类的省份有吉林、黑龙江、江苏、山东、广东、四川、宁夏，均值为 17.68 人；2019 年，黑龙江、山东、四川下降为三类，聚类分析结果为二类的有 8 个省份，均值为 28.02 人，超过了 2013 年一类的均值。2013 年，聚类分析结果为三类的有 16 个省份；2019

年，聚类分析结果为三类的增加到 19 个省份，均超过一半。说明我国多数省份的农村金融机构从业人员密度偏低，且 2013～2019 年农村金融机构从业人员密度高的地区发展得更快，密度提高得更多，而农村金融机构从业人员密度较低的地区经过几年的发展，农村金融机构从业人员密度依然处在较低的水平。

表 3-22　2013 年、2019 年金融机构从业人员密度 K-均值聚类
分析结果 （地区分类）

	一类	北京、天津、山西、内蒙古、辽宁、上海、浙江
2013 年 K-均值聚类分析结果	二类	吉林、黑龙江、江苏、山东、广东、四川、宁夏
	三类	河北、安徽、福建、江西、河南、湖北、湖南、广西、海南、重庆、贵州、云南、陕西、甘肃、青海、新疆
2019 年 K-均值聚类分析结果	一类	北京、天津、内蒙古
	二类	山西、辽宁、吉林、上海、江苏、浙江、广东、宁夏
	三类	河北、黑龙江、安徽、福建、江西、山东、河南、湖北、湖南、广西、海南、重庆、四川、贵州、云南、陕西、甘肃、青海、新疆

表 3-23　2013 年、2019 年农村金融机构从业人员密度 K-均值聚类
分析结果 （数值分析）　　　　　　单位：人

	案例的类别号	均值	N	标准差
2013 年 K-均值聚类分析结果	一类	27.3473	7	3.3134
	二类	17.6750	7	2.3680
	三类	11.5904	16	1.6594
	总计	16.6868	30	6.8450
2019 年 K-均值聚类分析结果	一类	38.2403	3	4.3118
	二类	28.0200	8	3.6986
	三类	16.2551	19	2.8642
	总计	21.5909	30	8.2709

3.3.4 农业保险的总体发展变化

（1）我国农业保险总体情况

农业是社会经济发展的根基。改革开放以来，在农业现代化建设的导向下，我国农业生产水平得以提升，同时农业生产的抗风险能力也逐步获得了提高。而基于农业生产和农产品流通的特性，其中仍存在一些不可控因素，导致农业生产和农产品流通过程的风险相对较高。可行的风险管理工具将为农业产业提供发展的必要保障。在这一背景下，农业保险应运而生，通过不断地创新实现了对农业产业的部分覆盖，使从事农业产业的人员从中受益。

表3-24展示了我国总体农业保险保费收入及增速、农业保险赔付支出及增速。由表可知，我国农业保险保费收入由2012年的223.61亿元增长至2019年的572.47亿元，总体呈上升趋势，增长较为稳定。2013~2019年，我国总体农业保险保费收入年平均增长率为14.92%，除了在2017年增长速度为负值以外，其他年份的增长率均为正值。2012年，我国总体农业保险赔付支出为122.96亿元，占当年农业保险保费收入的54.99%；2019年，我国总体农业保险赔付支出为445.31亿元，占当年总体农业保险保费收入的77.79%。2013~2019年，我国农业保险赔付支出持续以较快速度增长，年平均增长速度为20.92%。2012~2019年，我国农业保险赔付支出每年都小于当年农业保险保费收入，其占当年农业保险保费收入的比值处于50%~80%。

表3-24　2012~2019年我国总体农业保险保费收入和农业保险赔付支出增长情况

单位：百万元，%

年份	农业保险保费收入	农业保险保费收入增长速度	农业保险赔付支出	农业保险赔付支出增长速度	农业保险赔付占保费收入比值
2012	22361.38	—	12296.37	—	54.99
2013	29530.63	32.06	17948.59	45.97	60.78

年份	农业保险 保费收入	农业保险保费 收入增长速度	农业保险 赔付支出	农业保险赔付 支出增长速度	农业保险赔付占 保费收入比值
2014	30759.82	4.16	19020.60	5.97	61.84
2015	34975.48	13.71	20589.32	8.25	58.87
2016	44248.35	26.51	24204.95	17.56	54.70
2017	42878.68	-3.10	26548.66	9.68	61.92
2018	50077.92	16.79	34030.85	28.18	67.96
2019	57246.53	14.31	44531.90	30.86	77.79
均值	39009.85	14.92	24896.41	20.92	62.35

资料来源：2013~2020 年《中国保险年鉴》。

（2）全国总体农业保险保费收入密度及深度、农业保险赔付支出密度及深度情况

表 3-25 展示了我国的农业保险保费收入密度及深度、农业保险赔付支出密度及深度。2012~2019 年，我国农业保险保费收入密度均值为 73.96 元/人，2012 年我国农业保险保费收入密度为 37.78 元/人，2012~2019 年持续增加，2019 年增长至 126.35 元/人。整体呈上升趋势，出现该现象的原因除我国总体农业保险保费收入持续增加外，还有我国农村常住人口的减少。2012~2019 年，我国农业保险保费收入深度均值为 0.75%。2012 年，我国农业保险保费收入深度为 0.54%，2019 年增长到 1.03%，增长幅度小于农业保险保费收入密度的增长幅度，与农业保险保费收入密度相同，2012~2019 年农业保险保费收入深度在增加。2012~2019 年（除 2013 年以外），我国农业保险赔付支出密度和农业保险赔付支出深度也基本呈逐年上升的趋势。2012~2019 年，农业保险赔付支出密度由 19.93 元/人逐渐上升到 99.10 元/人，均值为 51.75 元/人；农业保险赔付支出深度由 0.28% 上升到 0.81%，均值为 0.52%。

表 3-25 我国①总体农业保险保费收入密度及深度、农业保险赔付支出密度及深度

单位：元/人，%

年份	保费收入密度	保费收入深度	赔付支出密度	赔付支出深度
2012	37.78	0.54	19.93	0.28
2013	48.04	0.63	43.48	0.57
2014	51.01	0.60	32.40	0.38
2015	63.05	0.70	39.19	0.44
2016	73.57	0.76	46.13	0.47
2017	85.56	0.83	59.92	0.58
2018	106.33	0.94	73.83	0.65
2019	126.35	1.03	99.10	0.81
均值	73.96	0.75	51.75	0.52

资料来源：2014~2020 年《中国保险年鉴》和《中国统计年鉴》。

3.3.5 省际农业保险情况

（1）省际农业保险保费收入额和赔付支出额

图 3-22 展示了 2019 年我国 30 个省份的农业保险保费收入情况。由图 3-22 可知，2019 年新疆农业保险保费收入达到 58.11 亿元（以 2012 年为基期），是我国农业保险保费收入最多的省份。其次是河南，农业保险保费收入达到 41.7351 亿元，其他省份中黑龙江、湖南、内蒙古、河北也是农业保险保费收入较多的地区。而天津、福建、重庆为我国 2019 年农业保险保费收入最低的 3 个省份。

由图 3-23 可知，我国 30 个省份的农业保险赔付支出额中，黑龙江位居第一，新疆位居第二，远超我国其他省份。农业保险在农业生产发展中具有重要作用，尤其是在气候条件多变、自然灾害频发的黑龙江和新疆。黑龙江垦区

---

① 我国 31 个省份，香港、澳门、台湾除外。

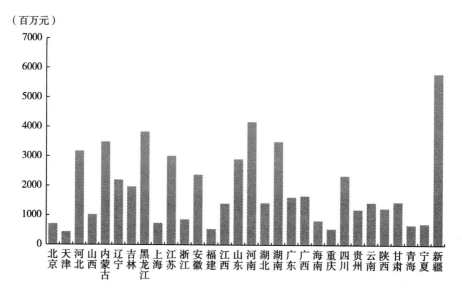

图 3-22 2019 年省际农业保险保费收入额

资料来源：《中国保险年鉴 2020》。

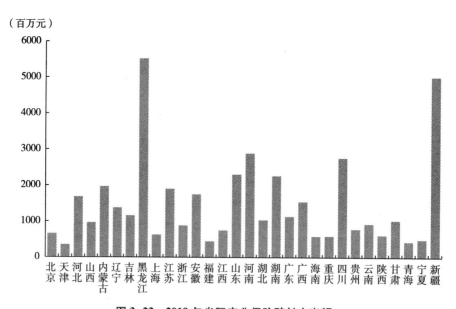

图 3-23 2019 年省际农业保险赔付支出额

资料来源：《中国保险年鉴 2020》。

土地总面积为47.3万平方千米，耕地面积为2.579亿亩[①]，目前黑龙江垦区已经发展成为我国耕地规模最大、现代化程度最高、综合生产能力最强的国家重要商品粮基地和粮食战略后备基地。新疆是我国典型的以农牧业为主的省份，省内拥有我国中央直接管理的新疆生产建设兵团，2020年农作物播种面积2122.91万亩[②]。

（2）省际农业保险保费收入密度及深度、农业保险赔付支出密度及深度情况

由图3-24可以看出，2019年省际农业保险保费收入密度图与2019年省际农业保险赔付密度图分布较为相似，而2019年省际农业保险保费收入深度图和2019年省际农业保险赔付支出深度图分布相似。

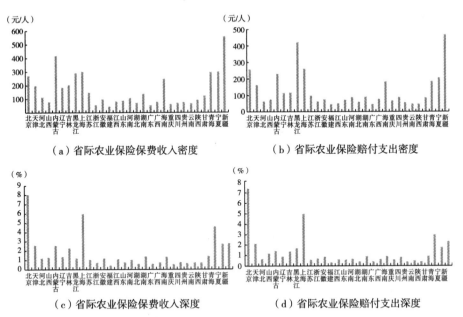

（a）省际农业保险保费收入密度　　　　（b）省际农业保险赔付支出密度

（c）省际农业保险保费收入深度　　　　（d）省际农业保险赔付支出深度

图3-24　2019年省际农业保险保费收入密度及深度、农业保险赔付支出密度及深度

资料来源：《中国保险年鉴2020》。

---

① 资料来源于第三次国土调查数据。
② 资料来源于《新疆生产建设兵团2020年国民经济和社会发展统计公报》。

由图 3-24（a）可知，新疆在我国 30 个省份中位列第一，达到 533.88 元/人。此外，内蒙古、北京、黑龙江、上海、青海、宁夏等省份也处于较高水平。而在图 3-24（b）中，新疆同样居于第一位，达到 461.29 元/人。黑龙江、上海、内蒙古、北京、海南、青海、宁夏等省份的农业保险赔付支出密度较高。2019 年，省际农业保险保费收入密度平均值与农业保险赔付支出密度平均值分别是 159.76 元/人、124.75 元/人，农业保险保费收入密度平均值略高，30 个省份中有一半左右的省份处于较低水平。在图 3-24（a）中，有 14 个省份的农业保险保费收入密度小于 100 元/人，而在图 3-24（b）中，有 19 个省份的农业保险赔付支出密度小于 100 元/人，说明我国较多省份的农业保险处于较低水平。

由图 3-24 可知，我国 2019 年省际农业保险保费收入深度和农业保险赔付支出深度的分布特点是少数省份的数值显著较高，但其他大部分省份的农业保险保费收入深度和农业保险赔付支出深度的数值较低。这个特点在进行 K-均值聚类分析时也可以显现出来。2019 年，在我国 30 个省份中，北京和上海的农业保险保费收入深度和农业保险赔付支出深度的数值均较高，表明北京、上海的农业保险发展程度较高。此外，在图 3-24（c）和图 3-24（d）中，各有 22 个、21 个省份的深度的数值分别小于其平均值。

3.3.6　农业保险的省际差异

（1）农业保险保费收入密度

表 3-26 和表 3-27 展示了我国省际农业保险保费收入密度 K-均值聚类分析结果。2012 年，我国农业保险保费收入密度整体水平较低，均值为 52.00 元/人。30 个省份分为一类的有 5 个省份，分别是北京、内蒙古、黑龙江、上海、新疆，均值为 165.92 元/人。二类和三类分别有 9 个和 16 个省份，均值分别是 47.64 元/人和 18.85 元/人。将一类、二类和三类的均值进行比较，可以发现一类与二类、三类的差距较大，而二类与三类之间的差异较小。2019

年，一类仅有内蒙古和新疆两个省份，此时一类的均值为472.06元/人。二类有9个省份，均值为250.33元/人。而归为三类的省份增加至19个。虽然这三类的均值均有增长，但是一类与二类的均值差距、二类与三类的均值差距都有增大，说明2012~2019年我国省际农业保险保费收入密度虽然有所增加，但省际差异增大。

表3-26　2012年、2019年农业保险保费收入密度K-均值聚类分析结果（地区分类）

2012年K-均值聚类分析结果	一类	北京、内蒙古、黑龙江、上海、新疆
	二类	天津、辽宁、吉林、江苏、安徽、湖南、海南、四川、宁夏
	三类	河北、山西、浙江、福建、江西、山东、河南、湖北、广东、广西、重庆、贵州、云南、陕西、甘肃、青海
2019年K-均值聚类分析结果	一类	内蒙古、新疆
	二类	北京、天津、辽宁、吉林、黑龙江、上海、海南、青海、宁夏
	三类	河北、山西、江苏、浙江、安徽、福建、江西、山东、河南、湖北、湖南、广东、广西、重庆、四川、贵州、云南、陕西、甘肃

表3-27　2012年、2019年农业保险保费收入密度K-均值聚类分析结果（数据分析）　　单位：元/人

	案例的类别号	均值	N	标准差
2012年K-均值聚类分析结果	一类	165.92	5	21.28
	二类	47.64	9	10.16
	三类	18.85	16	8.61
	总计	52.00	30	54.58
2019年K-均值聚类分析结果	一类	472.06	2	87.43
	二类	250.33	9	49.04
	三类	83.99	19	27.41
	总计	159.76	30	120.11

（2）农业保险保费收入深度

表 3-28 和表 3-29 展示了我国省际农业保险保费收入深度 K-均值聚类分析结果。2012 年与 2019 年我国省际农业保险保费收入深度的聚类分析结果差异较小，一类只有北京和上海，且聚类分析结果中归为三类的省份较多，2012 年归为三类的省份有 21 个，2019 年归为三类的省份有 22 个。2012 年，一类的均值为 2.88%，2019 年增长到 6.96%，说明一类农业保险保费收入深度增长较多。2012~2019 年，黑龙江、安徽、四川由二类下降至三类，天津、宁夏由三类上升至二类，说明天津和宁夏的农业保险保费收入深度增长较多，而黑龙江、安徽、四川的农业保险保费收入增长较少。此外，三类的均值由 2012 年的 0.34% 增长至 2019 年的 0.85%，其增长程度低于 30 个省份平均值的增长程度。

表 3-28　2012 年、2019 年农业保险保费收入深度 K-均值聚类分析结果（地区分类）

2012 年 K-均值聚类分析结果	一类	北京、上海
	二类	内蒙古、吉林、黑龙江、安徽、四川、青海、新疆
	三类	天津、河北、山西、辽宁、江苏、浙江、福建、江西、山东、河南、湖北、湖南、广东、广西、海南、重庆、贵州、云南、陕西、甘肃、宁夏
2019 年 K-均值聚类分析结果	一类	北京、上海
	二类	天津、内蒙古、吉林、青海、宁夏、新疆
	三类	河北、山西、辽宁、黑龙江、江苏、浙江、安徽、福建、江西、山东、河南、湖北、湖南、广东、广西、海南、重庆、四川、贵州、云南、陕西、甘肃

（3）农业保险赔付支出密度

表 3-30 和表 3-31 展示了我国省际农业保险赔付支出密度 K-均值聚类分析结果。2012 年、2019 年省际农业保险赔付支出密度聚类分析结果在三类分布的省份最多，且 2012 年与 2019 年聚类分析结果的差异主要在一类和二类。

表3-29 2012年、2019年农业保险保费收入深度K-均值聚类
分析结果（数据分析） 单位:%

	案例的类别号	均值	N	标准差
2012年K-均值聚类分析结果	一类	2.88	2	0.29
	二类	1.01	7	0.31
	三类	0.34	21	0.17
	总计	0.66	30	0.70
2019年K-均值聚类分析结果	一类	6.96	2	1.44
	二类	2.79	6	0.83
	三类	0.85	22	0.33
	总计	1.65	30	1.72

2012年与2019年聚类结果在一类的均只有两个省份，2012年北京、上海归为一类，而2019年北京、上海由一类变为二类，新疆、黑龙江则由二类上升至一类，海南、青海、宁夏、天津由三类上升至二类。与农业保险保费收入深度相似，农业保险赔付支出密度三类的均值由2012年的15.66元/人增长到2019年的66.76元/人，均值增长了51.10元/人，而30个省份的平均值增长了91.70元/人，其增长程度低于30个省份的平均值的增长程度。

表3-30 2012年、2019年农业保险赔付支出密度K-均值聚类
分析结果（地区分类）

	一类	北京、上海
2012年K-均值聚类分析结果	二类	内蒙古、黑龙江、新疆
	三类	天津、河北、山西、辽宁、吉林、江苏、浙江、安徽、福建、江西、山东、河南、湖北、湖南、广东、广西、海南、重庆、四川、贵州、云南、陕西、甘肃、青海、宁夏
	一类	黑龙江、新疆
2019年K-均值聚类分析结果	二类	北京、天津、内蒙古、上海、海南、青海、宁夏
	三类	河北、山西、辽宁、吉林、江苏、浙江、安徽、福建、江西、山东、河南、湖北、湖南、广东、广西、重庆、四川、贵州、云南、陕西、甘肃

表3-31 2012年、2019年农业保险赔付支出密度K-均值聚类
分析结果（数据分析） 单位：元/人

	案例的类别号	均值	N	标准差
2012年K-均值聚类分析结果	一类	160.98	2	0.98
	二类	92.66	3	20.93
	三类	15.66	25	9.77
	总计	33.05	30	43.20
2019年K-均值聚类分析结果	一类	438.17	2	32.71
	二类	209.19	7	39.43
	三类	66.76	21	22.37
	总计	124.75	30	107.86

（4）农业保险赔付支出深度

表3-32和表3-33展示了我国省际农业保险赔付支出深度K-均值聚类分析结果。由表可知，2012年与2019年，我国省际农业保险赔付支出深度的聚类分析结果特点仍然是在三类分布的省份较多，这两年三类均有21个省份分布且聚类分析结果变化不大，仅天津由三类上升至二类，安徽由二类下降至三类。2012年和2019年我国农业保险赔付支出深度为一类的为北京和上海，一类均值由2012年的2.58%增长到2019年的6.26%；2012年和2019年聚类分析结果分布在二类的也都有7个省份，均值由0.60%增长到1.89%；分布在三类的均有21个，均值由0.18%增长到0.61%。一类、二类和三类的均值均有所增长，但一类的均值增长最多。

表3-32 2012年、2019年农业保险赔付支出深度K-均值聚类
分析结果（地区分类）

2012年K-均值聚类分析结果	一类	北京、上海
	二类	内蒙古、吉林、黑龙江、安徽、青海、宁夏、新疆
	三类	天津、河北、山西、辽宁、江苏、浙江、福建、江西、山东、河南、湖北、湖南、广东、广西、海南、重庆、四川、贵州、云南、陕西、甘肃

2019 年 K-均值 聚类分析结果	一类	北京、上海
	二类	天津、内蒙古、吉林、黑龙江、青海、宁夏、新疆
	三类	河北、山西、辽宁、江苏、浙江、安徽、福建、江西、山东、河南、湖北、湖南、广东、广西、海南、重庆、四川、贵州、云南、陕西、甘肃

表 3-33 2012 年、2019 年农业保险赔付支出深度 K-均值聚类

分析结果（数据分析）　　　　　　　　　　　　单位:%

	案例的类别号	均值	N	标准差
2012 年 K-均值聚类 分析结果	一类	2.58	2	0.25
	二类	0.60	7	0.19
	三类	0.18	21	0.10
	总计	0.44	30	0.62
2019 年 K-均值 聚类分析结果	一类	6.26	2	1.71
	二类	1.89	7	0.54
	三类	0.61	21	0.23
	总计	1.29	30	1.52

3.3.7　农业贷款总体发展变化

基于数据的可获得性，选用 2013～2018 年涉农贷款来分析我国农村金融贷款发展的现状。涉农贷款按照用途可以划分为农林牧渔业贷款、农用物资和农副产品流通贷款、农村基础设施建设贷款、农产品加工贷款、农业生产资料制造贷款、农田基本建设贷款、农业科技贷款等。

由表 3-34 可知，自 2013 年以来我国涉农贷款总额都在 20 万亿元以上，且 2014～2018 年每年都有增长。其中，2014 年和 2015 年涉及贷款增长速度较快，超过 10%。但 2014～2018 年我国涉农贷款的增长速度呈曲折下降的趋势，2018 年我国涉农贷款的增长速度仅为 3.40%。

表 3-34 2013~2018 年我国涉农贷款额及增长速度 单位：亿元,%

年份	涉农贷款（以 2012 年为基期）	涉农贷款增长速度
2013	203559.73	—
2014	225489.47	10.77
2015	248209.29	10.08
2016	260715.43	5.04
2017	281452.35	7.95
2018	291033.23	3.40

资料来源：Wind 数据库。

3.3.8 省际农业贷款情况的变迁

（1）人均涉农贷款

图 3-25 展示了 2013 年和 2018 年我国省际人均涉农贷款额。2013 年，浙江的人均涉农贷款额在我国 30 个省份中最高。北京、上海、江苏等省份在我

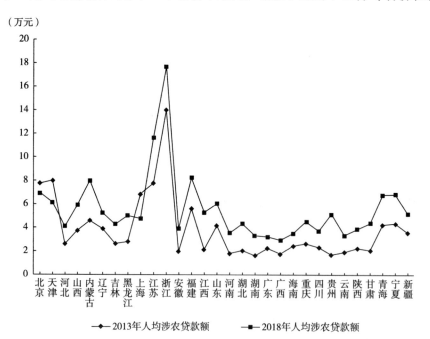

图 3-25 2013 年、2018 年我国省际人均涉农贷款额

资料来源：Wind 数据库。

国省际人均涉农贷款也较高。2013 年我国省际人均涉农贷款额平均值为 3.86 万元,有 19 个省份的人均涉农贷款额低于平均水平。2018 年,浙江的人均涉农贷款额依然在我国位列第一,其次是江苏、福建、内蒙古等在我国也处于较高水平。2018 年,我国省际人均涉农贷款额的平均值为 5.61 万元。2013~2018 年,部分省份的人均涉农贷款额增长较快,如江苏、浙江、内蒙古、福建、贵州、江西。而北京、天津、上海的人均涉农贷款额反而减少。

(2)农村金融发展规模

图 3-26 展示的是 2013 年、2018 年我国省际农村金融发展规模,即我国省际涉农贷款与第一产业增加值的比值。2013 年,与我国省际人均涉农贷款额的分布相类似,浙江、北京、天津、上海位于前四,山西、江苏、宁夏、青海也处于较高水平。2013 年,我国省际农村金融发展规模的平均值为 5.19,而多数省份的农村金融发展规模处在较低水平。2018 年,多数省份金融发展规模增长不多,北京、山西、江西增长较多,天津则降低较多。2018 年我国省际农村金融发展规模平均值为 6.43。

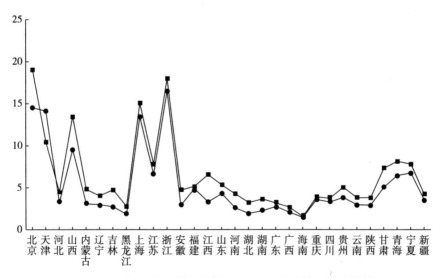

图 3-26 2013 年、2018 年我国省际农村金融发展规模

3.3.9 农业贷款的省际差异

2013 年和 2018 年省际人均涉农贷款 K-均值聚类分析结果，浙江均单独分为一类，因此将 30 个省份通过 K-均值聚类分析分为四个类别，聚类分析结果如表 3-35 和表 3-36 所示。由聚类分析结果可知，2013 年和 2018 年我国省际人均涉农贷款的特点是大部分省份都集中在三类和四类，而一类、二类分布很少。在 2013 年人均涉农贷款聚类分析结果中，浙江处于一类，人均涉农贷款均值为 14.01 万元；北京、天津、上海、江苏处于二类，均值为 7.61 万元；其他省份分布在三类、四类，且三类和四类的均值相差不大。在 2018 年聚类结果中，一类还是浙江，人均涉农贷款为 17.69 万元；二类只有江苏，人均涉农贷款为 11.67 万元，较 2013 年其他三个归为二类的省份增长较多，独自归为二类；归为三类的省份在 2013~2018 年由 8 个增长到 12 个，均值也增长较多。说明多数省份的人均涉农贷款发展水平相近，但都处在较低水平。

表 3-35 2013 年、2018 年省际人均涉农贷款 K-均值聚类分析结果（地区分类）

2013 年 K-均值聚类分析结果	一类	浙江
	二类	北京、天津、上海、江苏
	三类	山西、内蒙古、辽宁、福建、山东、青海、宁夏、新疆
	四类	河北、吉林、黑龙江、安徽、江西、河南、湖北、湖南、广东、广西、海南、重庆、四川、贵州、云南、陕西、甘肃
2018 年 K-均值聚类分析结果	一类	浙江
	二类	江苏
	三类	北京、天津、山西、内蒙古、辽宁、福建、江西、山东、贵州、青海、宁夏、新疆
	四类	河北、吉林、黑龙江、上海、安徽、河南、湖北、湖南、广东、广西、海南、重庆、四川、云南、陕西、甘肃

表 3-36　2013 年、2018 年省际人均涉农贷款 K-均值聚类分析结果（数据分析）

单位：万元

	案例的类别号	均值	N	标准差
2013 年 K-均值聚类分析结果	一类	14.01	1	—
	二类	7.61	4	0.49
	三类	4.28	8	0.63
	四类	2.19	17	0.36
	总计	3.86	30	2.71
2018 年 K-均值聚类分析结果	一类	17.69	1	—
	二类	11.67	1	—
	三类	6.32	12	1.06
	四类	3.93	16	0.59
	总计	5.61	30	2.95

3.4　本章小结

3.4.1　农民收入状况

总体来看，农村居民和城镇居民人均可支配收入都随着经济发展在不断增加，但是农村居民较城镇居民的收入增速更高，也就是说，两者的绝对差距有拉大的趋势，但是相对差异在缩小。以下从收入来源和收入结构两个方面大致总结如下：

其一，从收入来源上来说，农村居民四个来源的收入绝对量在逐年增大，而增速基本在逐年下降，这种趋势在城镇地区也表现出类似状况。受自身条件和外部环境的影响，农村居民的工资性收入、财产净收入和转移净收入远低于城镇居民，但是增速上来说刚好相反，这也表明有相对差距缩小的趋势。此外，仅有经营净收入方面农村较城镇居民地区多，这是因为城镇地区居民更多以工资性收入为主，而农村居民可经营的内容具有多样性和灵活性的特点。

其二，从收入结构上来说，农村居民收入中的工资性收入和经营净收入是占比较高的收入方式，虽然其工资性收入没有城镇居民比重高，但也是农村居民的重要收入方式。而在城镇地区，典型的特征是工资性收入占有绝对的比重，历年来基本上都在60%以上。

此外，我国省际农村居民人均可支配收入的主要特征仍然是不均衡。我国农村居民人均可支配收入的分布表现为少数省份处于较高水平，而多数省份处于较低水平，这个特点在农村居民人均工资性收入和人均财产净收入中表现得比较明显。并且由我国农村居民人均可支配收入及四项收入来源的现状分析可以发现，人均工资性收入高的地区，人均财产净收入也较高，且整体人均可支配收入也较高。因此可以看出，我国农村居民的收入结构与经济发展状况、城市资源状况、农林牧渔业发展状况、历史因素等多方面因素有关系。

3.4.2 农村金融发展状况

在我国农村金融的发展状况方面，整体上我国农村金融服务不够完善，农业保险发展不够深入，且省际农村金融发展不均衡。北京、天津、上海、江苏、浙江的农村居民人均可支配收入、农村金融机构密度、农村金融机构从业人员密度、农业保险保费收入深度、农业保险赔付支出深度和农村金融发展规模在我国30个省份中都处于较高的发展水平，且这些地区的整个经济发展水平在我国30个省份中都处在较高的水平上，有这些省份的省内城镇地区经济辐射的原因。此外，北京、天津、上海、江苏、浙江的农村常住人口不是特别多，城镇化率已经达到了较高的水平，尤其是北京、天津、上海。而我国较多省份的农村金融状况还处在较低水平上，需要受到关注并且能够得到支持。

4 农民收入与农村金融发展的区域差异分析

4.1 农民收入与农村金融发展区域差异衡量方法的确定

在研究农民收入区域差异的众多指标中，可以分为两类指标：绝对差异指标和相对差异指标。绝对差异指标包括全距离、均值、离差等；相对差异指标包括泰尔指数、基尼系数、变异系数。

为了直接地反映农民收入水平区域差异和农民收入结构的差异，本书首先选取各项农民收入均值 $\mu_{\alpha i}$（$\alpha = s/o/t/f$）和各项农民收入结构占比 $\dfrac{\mu_{\alpha i}}{\mu_{FDIP}}$（$i = e/en/m/w$）作为绝对差异指标。

其次，选取泰尔指数（Theil Index）作为相对差异指标。泰尔指数是用于衡量个人之间或者地域间收入差距的指标。用泰尔指数可以准确地反映我国四大地区的农民收入水平差距与收入结构的差异。

$$T = \frac{\mu_{\alpha i}}{\mu_{FDIP}} \times \ln \frac{\dfrac{\mu_{\alpha i}}{\mu_{FDIP}}}{\dfrac{P_i}{P}} \quad (\alpha = s/o/t/f, \ i = e/en/m/w) \tag{4-1}$$

其中，μ_{si} 为农民区域工资性收入均值、μ_{oi} 为农民区域经营性净收入均值、μ_{ti} 为农民区域转移性净收入均值、μ_{fi} 为农民区域财政性净收入均值、μ_{FDIP} 为农民区域可支配收入均值。e、en、m、w 分别代表东部、东北、中部、西部地区。P_e、P_{en}、P_m、P_w、P 则分别代表东部地区农民人口数、东北地区农民人口数、中部地区农民人口数、西部地区农民人口数、全国农民总人口数。

为了直观地反映农村金融机构差异，本书将选取各地区农村小型金融机构和农村新型金融机构的数量、农村小型金融机构和农村新型金融机构的从业人员数量，农村小型金融机构和农村新型金融机构的密度，以及农村小型金融机构和农村新型金融机构的从业人数的密度。

$$x_{nrsfi\beta} \text{ or } x_{nrnfi\beta} \tag{4-2}$$

$$x_{nrsfie\beta} \text{ or } x_{nrnfie\beta} \tag{4-3}$$

其中，x_{nrsfi} 为农村小型金融机构数量，x_{nrsfie} 为农村小型金融机构从业人员数量，x_{nrnfi} 为农村新型金融机构数量，x_{nrnfie} 为农村新型金融机构从业人员数量。

同样选取泰尔指数作为相对差异指标，用于衡量不同区域间农村金融机构密度和农村金融机构从业人员密度水平的区域差距的指标。

$$T = \frac{\rho_{nrsfi\beta}}{\rho_{nrsfi}} \text{ or } \frac{\rho_{nrnfi\beta}}{\rho_{nrnfi}} \times \ln \frac{\dfrac{\rho_{nrsfi\beta}}{\rho_{nrsfi}} \text{ or } \dfrac{\rho_{nrnfi\beta}}{\rho_{nrnfi}}}{\dfrac{P_i}{P}} \quad (i, \ \beta = e/en/m/w) \tag{4-4}$$

其中，$\rho_{nrsfi\beta}$ 为区域农村小型金融机构密度，$\rho_{nrnfi\beta}$ 为区域农村新型金融机构密度，ρ_{nrsfi} 为全国农村小型金融机构密度，ρ_{nrnfi} 为全国农村新型金融机构密度，e、en、m、w 分别代表东部、东北、中部、西部地区。P_e、P_m、P_w、P 则分别代表东部地区农民人口数、中部地区农民人口数、西部地区农民人口数、全国农民总人口数。

$$T=\frac{\rho_{nrsfie\beta}}{\rho_{nrsfie}} \text{or} \frac{\rho_{nrnfie\beta}}{\rho_{nrnfie}} \times \ln \frac{\dfrac{\rho_{nrsfie\beta}}{\rho_{nrsfie}} \text{or} \dfrac{\rho_{nrnfie\beta}}{\rho_{nrnfie}}}{\dfrac{P_i}{P}} (i, \beta=e/en/m/w) \qquad (4-5)$$

其中，$\rho_{nrsfie\beta}$ 为区域农村小型金融机构从业人员数量密度，$\rho_{nrnfie\beta}$ 为区域农村新型金融机构从业人员数量密度，ρ_{nrsfie} 为全国农村小型金融机构从业人员数量密度，ρ_{nrnfie} 为全国农村新型金融机构从业人员数量密度。

同时，通过研究四大地区涉农贷款和四大地区涉农贷款均值 $\mu_{al\beta}$（$\beta=e/en/m/w$）来研究农村金融的发展与地区间的差异。

同样选取泰尔指数作为相对差异指标，用于衡量不同区域间涉农贷款区域差距的指标。

$$T=\frac{\mu_{al\beta}}{\mu_{al}} \times \ln \frac{\dfrac{\mu_{al\beta}}{\mu_{al}}}{\dfrac{P_i}{P}} (i, \beta=e/en/m/w) \qquad (4-6)$$

其中，$\mu_{al\beta}$ 为区域涉农贷款均值。

通过研究四大地区农业保险保费收入深度均值 μ_{aiid} 与农业保险赔付支出深度均值 μ_{aipd} 来研究农村金融的发展与地区间的差异。

选取泰尔指数作为相对差异指标，用于衡量不同区域间农业保险保费收入深度和农业保险赔付支出深度区域差距的指标。

$$T=\frac{\mu_{aiid\beta}}{\mu_{aiid}} \times \ln \frac{\dfrac{\mu_{aiid\beta}}{\mu_{aiid}}}{\dfrac{P_i}{P}} (i, \beta=e/en/m/w) \qquad (4-7)$$

其中，$\mu_{aiid\beta}$ 为区域农业保险保费收入深度均值。

$$T=\frac{\mu_{aipd\beta}}{\mu_{aiid}} \times \ln \frac{\dfrac{\mu_{aiid\beta}}{\mu_{aiid}}}{\dfrac{P_i}{P}} (i, \beta=e/en/m/w) \qquad (4-8)$$

其中，$\mu_{aipd\beta}$ 为区域农业保险赔付支出深度均值。

4.2　农民收入结构区域差异研究

4.2.1　农民收入区域绝对差异研究

农民总收入：农村住户与住户成员通过经营净收入、工资性收入、转移净收入、财产净收入四种收入方式获得的收入总和。

工资性收入：农村住户成员通过劳动力受雇与单位和个人而创造的收入。

经营净收入：农村住户进行以家庭为单位的筹划管理而创造的收入。

转移净收入：农村住户和住户成员无须付出任何对应物而获得的资金（不包括无偿提供的用于固定资本形成的资金）、服务、货物、资产所有权等。

财产净收入：有形非生产性资产或金融资产的所有者向其他机构单位提供资金或将有形非生产性资产供其管理支配，从而得到的回报收入。

为了进一步深入了解农民收入的区域差异，根据 30 个省份（不包括中国港澳台地区和西藏自治区）的农村收入及结构将其分为东部、东北、中部、西部四大地区并分析不同区域间的差异（按照国家统计局的常用划分方法，见表 4-1）。

表 4-1　地区分类

地区分类	东部（10 省份）	中部（6 省）	西部（12 省份）	东北（3 省）
省份	北京、天津、河北、上海、江苏、浙江、福建、山东、广东、海南	山西、安徽、江西、河南、湖北、湖南	内蒙古、广西、重庆、四川、贵州、云南、西藏、陕西、甘肃、青海、宁夏、新疆	辽宁、吉林、黑龙江

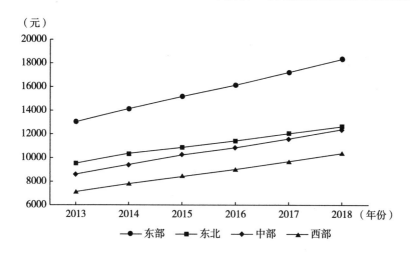

图4-1 2013~2018年四大地区农村居民人均可支配收入

资料来源：国家统计局。

由图4-1可知，2013~2018年，四大地区的农民人均可支配收入均呈现上升趋势。但从2018年相较于2013年的增速来看，西部地区、中部地区和东部地区增长较快，均超过了40%，而东北三省的增速相对较慢，为32.66%，影响其发展的可能因素是：随着扶贫脱贫的不断深入开展，西部、中部地区农民收入增速较快；东北地区主要依靠重工业和传统农业种植加工的单一经济发展结构，增速较慢；东部地区城镇化发展和农民收入水平较高，其增长率略低于中部和西部。

此外，东部地区农民人均可支配收入增长数最大，中部地区次之，东北与西部地区增长数相近，其增长分别为5294.51元、3785.51元、3112.68元、3250.24元。影响四大地区发展的可能因素是：东部地区的地理位置优势且农民劳动力向发达省份迁移，使其农民收入增长数为四大地区中最高且远高于其他三大地区，中部地区次之，但增长数与东部地区相差1509元，差距较大。东北以及西部地区的农民人均可支配收入增长数较低，东部地区和中部地区存在显著差异。总体来说，农民人均可支配收入从增速来看有缩小的趋势，但从实际增长数来看，依然存在农村收入发展不平衡的问题，存在显著的收入区域差异。

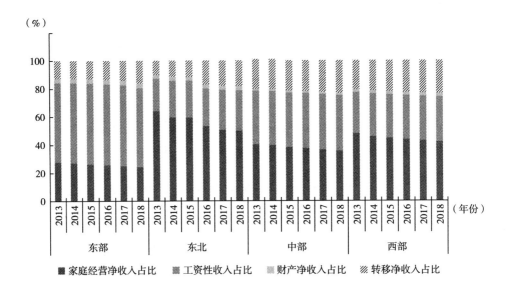

图 4-2 2013~2018 年四大地区农村居民人均可支配收入构成

表 4-2 2013~2018 年四大地区农村居民人均可支配收入及结构

单位：元,%

年份	地区	可支配收入	经营净收入	工资性收入	财产净收入	转移净收入	经营净收入占比	工资性收入占比	财产净收入占比	转移净收入占比
2013	东部	13041.07	3629.47	7375.23	400.77	1635.58	27.83	56.55	3.07	12.54
	东北	9529.67	6091.71	2227.10	236.62	974.21	63.92	23.37	2.48	10.22
	中部	8614.78	3471.66	3284.14	112.61	1826.38	40.30	38.12	1.31	21.20
	西部	7130.71	3428.59	2089.92	143.48	1472.26	48.08	29.31	2.01	20.65
2014	东部	14155.19	3853.30	8077.61	427.74	1796.55	27.22	57.06	3.02	12.69
	东北	10363.79	6165.07	2714.57	297.41	1186.74	59.49	26.19	2.87	11.45
	中部	9423.12	3742.47	3616.57	137.40	2014.12	39.72	38.38	1.46	21.37
	西部	7803.59	3581.94	2379.77	173.10	1669.62	45.90	30.50	2.22	21.40

年份	地区	可支配收入	经营净收入	工资性收入	财产净收入	转移净收入	经营净收入占比	工资性收入占比	财产净收入占比	转移净收入占比
2015	东部	15182.65	3989.86	8748.58	491.08	1953.13	26.28	57.62	3.23	12.86
	东北	10870.03	6460.85	2862.35	302.00	1244.83	59.44	26.33	2.78	11.45
	中部	10236.64	3917.66	3967.86	154.08	2197.05	38.27	38.76	1.51	21.46
	西部	8418.15	3770.45	2606.91	194.17	1848.62	44.79	30.97	2.31	21.96
2016	东部	16147.95	4143.04	9297.31	528.33	2179.28	25.66	57.58	3.27	13.50
	东北	11435.03	6087.47	3063.63	330.65	1953.28	53.24	26.79	2.89	17.08
	中部	10855.39	4063.71	4273.02	155.97	2362.70	37.43	39.36	1.44	21.77
	西部	9019.75	3940.11	2831.85	210.84	2039.48	43.68	31.40	2.34	22.61
2017	东部	17242.55	4323.48	9920.45	577.19	2421.44	25.07	57.53	3.35	14.04
	东北	12047.73	6091.83	3453.94	349.39	2152.57	50.56	28.67	2.90	17.87
	中部	11606.51	4227.58	4599.40	169.09	2610.44	36.42	39.63	1.46	22.49
	西部	9693.94	4166.63	3065.40	232.54	2231.36	42.98	31.62	2.40	23.02
2018	东部	18335.58	4481.16	10282.42	627.69	2944.32	24.44	56.08	3.42	16.06
	东北	12642.35	6310.18	3644.31	381.84	2306.02	49.91	28.83	3.02	18.24
	中部	12400.28	4413.62	4912.94	189.76	2883.96	35.59	39.62	1.53	23.26
	西部	10380.95	4367.30	3327.09	263.86	2424.86	42.07	32.05	2.54	23.36

资料来源：国家统计局。

由图4-2和表4-2可以看出，2013~2018年四大地区的收入结构中，东部地区农民收入结构变化较小，以工资性收入为主要收入来源；东北地区收入结构变化较大，以经营净收入为主要收入来源；中部地区收入结构基本保持不变，以经营净收入和工资性收入为主要收入来源；西部地区收入结构基本保持不变，以经营净收入为主要收入来源。

造成上述现象的因素是：东部地区城镇化和第二、第三产业发展水平较高、农村劳动力向发达城市转移等原因使东部地区农民工资性收入作为其主要的收入来源，且占比较高。东北地区收入结构变化较大，2013~2018年随着农村城镇化水平的提高和东北地区农村经济发展结构的转变，经营净收入占比下降约14.01%，工资性收入占比约提高5.46%，转移净收入占比约提高8.02%，但传统的家庭性经营净收入依旧为东北地区农民的主要收入来源。中部地区的收入结构基本保持不变，从2018年中部地区农民收入结构可知，其工资性收入占比为39.62%，经营净收入占比35.59%，工资性收入为中部地区农民收入的主要来源，同对经营净收入也是中部地区农民收入来源的重要来源。西部地区农民收入结构同样基本保持不变，其主要的收入来源是经营净收入，这可能是因为西北地区和青海地区作为我国的主要牧区，其交通不发达使农村劳动力向发达城市转移较为困难等原因导致的。由此可知，我国农村收入结构也存在区域差异。

基于以上的研究可以发现，我国农民收入和农民收入结构均存在较大的区域差异。为了深入了解农民收入的差异，本节将对农民收入的四大来源进行深入分析，分别单独从农民工资性收入、农民经营净收入、农民财产净收入、农民转移净收入四个角度对我国四大地区的农民收入和收入结构进行研究。

（1）农民工资性收入区域绝对差异研究

由图4-3可知，2013~2018年，东部地区增量最大且远高于东北、中部、西部三大地区，中部地区增量居于第二位、东北地区次之、西部地区最低。从农民人均工资性收入的增速水平来看，东北地区增速最快、西部地区位于第二、中部地区次之、东部地区最慢。

造成上述现象的因素可能是：①我国东部地区依靠着地理位置的优势以及优质的农村资源的倾斜和发达城市对于农村劳动力的虹吸效应使农民人均工资性收入从2013年的7375.22元增长到2018年的10282.41元，共增长了约2907.19元，增长率约为39.42%。②随着东北振兴、中部崛起、西部大开发工作的开展，东北地区农民人均工资性收入从2013年的2227.10元增长到2018年的3644.31元，增长了近1417.21元，增长率约为63.63%。③我国中部地区农民的人均工资性收入从2013年的3284.13元增长到2018年的

4912.94 元，共增长了约 1628.81 元，增长率达到 49.60%。④由于政府对西部地区的政策红利，我国西部地区农民人均工资性收入从 2013 年的 2089 元增长到 2018 年的 3327.09 元，共增长了约 1238.09 元，增长率达到 59.27%。东部地区虽然增速不及东北、中部和西部地区，但是由于其本身工资水平较高，增长额远大于其他三个地区。

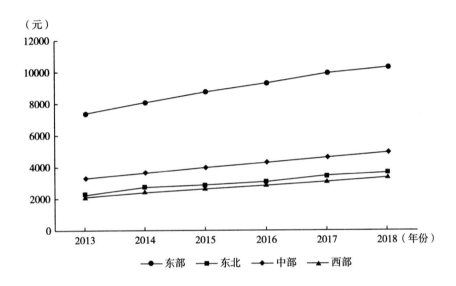

图 4-3　2013～2018 年四大地区农村居民人均工资性收入

总体而言，东北、中部、西部地区增速较快但是增长量与东部地区相比差距较大。同时中部地区农民工资性收入水平与东北地区和西部地区农民工资性收入水平也存在一定差异。中部和西部地区的工资性收入水平差异较小。虽然我国近些年来致力于解决工资性收入分配不均衡的问题，但地区发展不平衡带来的农民工资性差异依旧较为显著。

由图 4-4 可知，从 2013～2018 年农民工资性收入结构出发，四大地区的农民人均工资性收入占比均高于财产净收入和转移净收入，除东北地区有明显增长以外，其他三个地区农民工资性收入占比都较为稳定。2018 年，东部地区人均工资性收入占比为56.08%，是四大地区中占比最高的区域；中部地区农民人均工资性收入占比为39.62%；西部地区农民人均工资性收入占比为32.05%；东北地区人均工资性收入占比为28.83%。造成上述现象的因素可能是：东部地区自身发展水平较高，城镇化水平较高，农民劳动力转移向城镇较多，使其主要收入为工资性收入；东北地区随着近些年来经济发展方式的优化与转变，改变了单一的传统农业经营为主的收入方式，因此在2013~2018年的人均工资性收入占比提升；而西部、中部地区总体来说工资性收入略有提高，但是依然保持不变。四大地区从收入结构性来看存在较大差异。

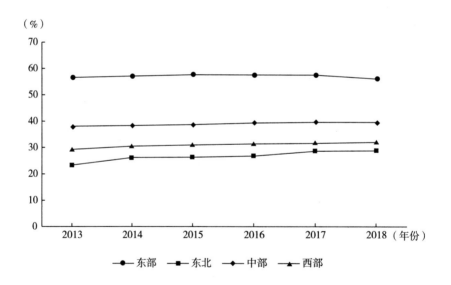

图4-4　2013~2018年四大地区农村居民人均工资性收入占比

将农民工资性收入水平和农民工资性收入占比结合来看，东部地区农民工资性收入水平较高且占比较大。东北、西部地区工资性收入水平较低且非主要收入来源，中部地区基本上以工资性收入为主要的收入来源，其工资性收入占比较大但收入水平较低，农民工资性收入区域差异较为明显。

（2）农民经营净收入区域绝对差异研究

由图4-5可知，2013~2018年，中部、西部地区人均经营净收入增量较大且高于东部、东北两大地区，东部地区增量虽低于中部、西部地区但与两地差异较小，东北地区增量最低。其中，东部地区增长851.69元、东北地区波动增长218.48元、中部地区增长941.95元、西部地区增长938.71元。

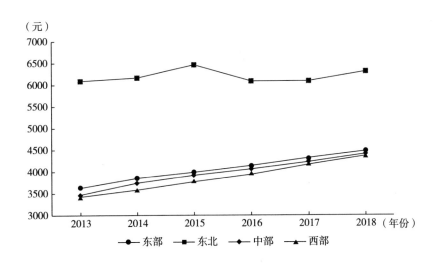

图4-5 2013~2018年四大地区农村居民人均经营净收入

从农民人均经营净收入的增速水平来看，2013~2018年西部地区增速最快、中部地区位于第二、东部地区次之、东北地区最慢，其中东部、中部、西部三大地区增速相差不大且发展较快，而东北地区增速与其他地区差异较大。其中，东部地区增速26.47%、东北地区增速3.59%、中部地区增速27.13%、西部地区增速27.37%。

造成上述现象的因素可能是：东部、中部、西部地区依靠着我国乡村振兴战略带来的新型农业技术和政策福利，使其高速发展。而东北地区由于本身发展水平较高且发展结构单一，导致总体收入水平较高但是增速较慢。

总体而言，东部、中部、西部地区增速较快且增长量较大。东北地区以经营净收入为主要收入来源但增速与增长量同东部、中部、西部地区相比相差较大，发展较为落后。四大地区都需要加快家庭经营性产业的升级，从而增强东北地区的可持续发展能力并提高东部、中部、西部地区经营净收入水平。

由图4-6可知，从2013～2018年农民经营净收入结构出发，四大地区的农民经营净收入占比都有所下降，除东北地区有明显减少以外，其他三大地区农民经营净收入占比下降幅度较小，但东北地区的经营净收入占比依旧在四大地区中位列第一，西部地区位列第二，中部地区次之，东部地区远小于其他三大地区。东北地区大约下降13.71%，远大于东部、中部、西部地区的3.39%、4.71%、6.01%。

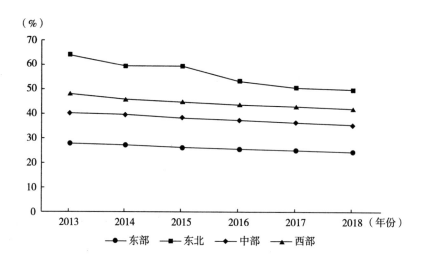

图4-6 2013～2018年四大地区农村居民人均经营净收入占比

造成上述变化的原因可能是：东北地区经济结构优化政策和城镇化水平提高，劳动力向城市迁移促使传统的经营净收入转变为工资性收入。东部、中部地区则由于经营净收入不是其主要的收入方式，因此产生的变化较小。而西部地区由于发展程度较低，城镇化进程较慢，主要依靠经营净收入为主，因此其经营净收入占比与东北地区相比都处于较高的水平，但变化幅度不大。

将农民经营净收入水平和农民经营净收入占比结合来看，四大地区经营净收入呈上升趋势，而经营净收入占比呈下降趋势。总体而言，四大地区在经营净收入水平和结构上都存在较大区域差异。

（3）农民财产净收入区域绝对差异研究

由图4-7可知，2013~2018年，四大地区的人均财产净收入增长水平均不高，其中东部地区水平最高，东北地区次之，西部与中部地区分列第三、第四位。东部地区人均财产净收入增量为226.92元、东北地区为145.21元、西部地区为120.38元、中部地区为77.16元。

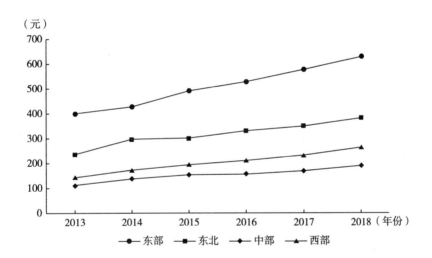

图4-7　2013~2018年四大地区农村居民人均财产净收入

从农民人均财产净收入的增速水平来看，2013~2018年，西部地区增速最快、中部地区位于第二、东北地区次之、东部地区最慢，其中东北与中部地区增速相差不大且发展较快。其中，东部地区增速56.62%、东北地区增速61.37%、中部地区增速68.52%、西部地区增速83.90%。

造成上述现象的因素可能是：随着社会经济发展水平的不断提高，金融知识的普及和金融分支机构增多，使农民的财产净收入快速增长。但是，基于不同地区自身固有经济发展水平的较大差异，使财产净收入基数较大的东部地区增量较多，但是增速有限，而其他地区相对来说，增量和增速大致呈现此消彼长的状态。

总体而言，经济发达地区的财产净收入绝对量和增量均较大，但是增速较低；反之，经济相对不发达地区的财产净收入绝对量和增量均较小，但是增速相对较高。

由图 4-8 可知，从 2013～2018 年农民财产净收入结构出发，四大地区的农民人均财产净收入占比都相对较低，且变化不大。东部地区占比增加 0.35%、东北地区占比增加 0.54%、中部地区增加 0.22%、西部地区增加 0.53%。

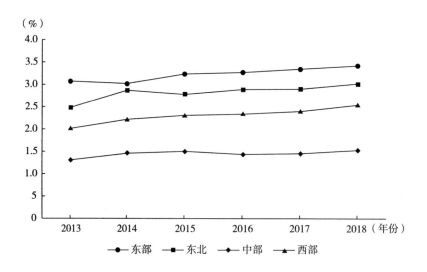

图 4-8　2013～2018 年四大地区农村居民人均财产净收入占比

造成上述现象的因素可能是：整体上农村地区可创收的财产基础相较于城镇或城市来说相对较少，且农村地区的财产运用方式途径相对单一，加上农民的传统意识受限，使农民财产净收入的占比和增速都相对较低。

将农民财产净收入水平和农民财产净收入占比结合来看,四大地区的财产净收入水平较低且占比较小,区域存在差异性,但差异较小。

(4) 农民转移净收入区域绝对差异研究

由图4-9可知,2013~2018年,农民人均转移净收入增长水平中东北地区最高,东部地区次之,中部与西部地区分列第三、第四位。东部地区人均转移净收入增量为1308.75元、东北地区为1331.8元、中部地区为1057.59元、西部地区为952.33元。

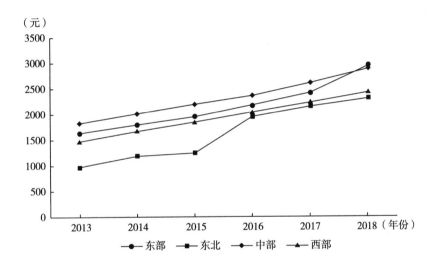

图4-9 2013~2018年四大地区农村居民人均转移净收入

从农民人均转移净收入的增速水平来看,2013~2018年,东北地区增速最快、东部地区位于第二、西部地区次之、中部地区最慢,其中东北地区增速远大于东部、中部、西部地区。其中,东部地区增速80.01%、东北地区增速136.70%、中部地区增速57.91%、西部地区增速64.68%。

造成上述现象的因素可能是:随着近些年来政府对农村脱贫越发重视,更多的扶贫补助资金使农村转移净收入增速较快且增长水平较高。

总体而言，东部、东北、中部、西部地区增速较快，且相对于其他几种收入类型增量也普遍偏高，各地区之间比较均衡。

由图 4-10 可知，从 2013~2018 年农民转移净收入结构出发，四大地区的农民人均转移净收入占比均有所提高，西部地区和中部地区占比最大且远超东部地区和东北地区。东北地区占比变动最大，其他地区占比变动相差较小。东部地区占比增加 3.5%、东北地区中占比增加 8.02%、中部地区占比增加 2.06%、西部地区占比增加 2.71%。

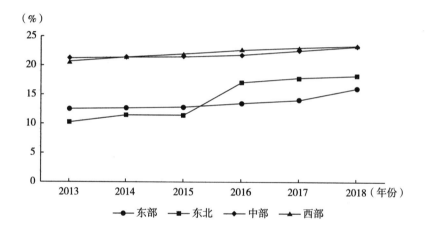

图 4-10　2013~2018 年四大地区农民人均转移净收入占比

上述现象反映出的地区差异，最明显的表现为相对不发达的西部地区和中部地区的转移净收入占比远高于其他两个地区，这是因为中央政府和地方政府根据不同地区农村的经济发展水平和农民的收入状况实施不同的转移支付支持力度。

将农民转移净收入水平和农民转移净收入占比结合来看，四大地区的转移净收入均为农民的重要收入来源，但是地区间的收入水平和收入结构差异现象依然存在。

综上，上述四种重要的收入来源中，除了财产净收入其他三种均为农民主要的收入来源，但均存在区域差异。转移净收入是政府调控区域农民收入的手段之一，但是仅依靠转移净收入并不能解决农民收入的区域差异，因此需要重视和调控四种收入来源，尽量缩减区域间的收入差异。

4.2.2　农民收入区域相对差异研究

2013~2018 年，四大地区农民的工资性收入、经营净收入、财产净收入、转移净收入的泰尔指数如表4-3所示。

表 4-3　四大地区农民不同收入泰尔指数

地区	年份	工资性收入	经营净收入	财产净收入	转移净收入
东部	2013	0.336	0.032	0.071	0.114
	2014	0.343	0.038	0.071	0.115
	2015	0.354	0.045	0.073	0.114
	2016	0.354	0.050	0.074	0.113
	2017	0.353	0.054	0.075	0.112
	2018	0.328	0.060	0.076	0.107
东北	2013	0.280	1.408	0.026	0.038
	2014	0.342	1.265	0.026	0.055
	2015	0.344	1.260	0.026	0.054
	2016	0.351	1.064	0.026	0.147
	2017	0.392	0.978	0.027	0.160
	2018	0.396	0.960	0.027	0.167
中部	2013	0.090	0.118	0.041	0.074
	2014	0.094	0.111	0.044	0.073
	2015	0.100	0.093	0.045	0.072
	2016	0.108	0.084	0.044	0.069
	2017	0.113	0.073	0.044	0.063
	2018	0.114	0.064	0.045	0.057

地区	年份	工资性收入	经营净收入	财产净收入	转移净收入
西部	2013	0.023	0.201	0.055	0.088
	2014	0.011	0.172	0.059	0.083
	2015	0.007	0.155	0.060	0.081
	2016	0.004	0.139	0.061	0.077
	2017	0.001	0.130	0.062	0.074
	2018	0.003	0.118	0.064	0.072

（1）农民工资性收入区域相对差异研究

从表4-3可知，2013~2018年四大地区农民工资性收入的泰尔指数相差较大。在增速方面，东北地区泰尔指数增速最快，中部地区次之，东部、西部地区有下降趋势。

从四大地区农民工资性收入水平来说，东部和东北地区泰尔指数较高，两者比较接近且远大于中部和西部地区，西部地区泰尔指数最低，且远小于其他三个地区。其中，2018年东部地区农民工资性收入泰尔指数达到0.328，东北地区农民工资性收入泰尔指数达到0.396，中部地区农民工资性收入泰尔指数达到0.114，西部地区农民工资性收入泰尔指数则仅为0.003。

从增速来看，东北地区农民工资性收入增速上升最快，达到41.43%；中部地区农民工资性收入增速上升较快，达到26.67%；而东部和西部地区呈现下降趋势，东部地区变化不明显，增速为-2.38%，西部地区波动较大，增速为-86.96%。

（2）农民经营净收入区域相对差异研究

由表4-3可知，四大地区农民经营净收入的泰尔指数相差较大，在增速方面，2013~2018年东部地区的农民经营净收入泰尔指数保持增长趋势，其他三大地区的农民经营净收入泰尔指数均为下降趋势。

从四大地区农民经营净收入水平来说，东北地区经营净收入泰尔指数最高，且远大于其他三个地区；西部和中部地区居中，且历年普遍大于东部地区。如 2018 年，东北地区农民工资性收入泰尔指数达 0.960，西部和中部地区农民工资性收入泰尔指数分别为 0.118 和 0.064，而东部地区最低，仅为 0.060。

在增速方面，四大地区却呈现出较大差异，从 2013～2018 年的经营净收入泰尔指数增速来看，东部地区有明显增长，为 87.50%，而东北、中部和西部地区则有明显下降，分别为 -31.82%、-45.76% 和 -41.29%。

（3）农民财产净收入区域相对差异研究

由表 4-3 可知，四大地区农民财产净收入的泰尔指数较小，历年来均不超过 0.1，且差别不大，但整体上东部和西部地区较高，中部和东北地区次之。如 2018 年，东部和西部地区农民财产净收入泰尔指数分别达到 0.076 和 0.064，而中部和东北地区农民财产净收入泰尔指数为 0.045 和 0.027。

在增速方面，2013～2018 年四大地区的农民财产净收入泰尔指数均保持增长趋势。其中西部地区财产净收入泰尔指数增长最快，中部地区次之，东部和东北地区增速相对较慢，其增速分别为 16.36%、9.76%、7.04% 和 3.85%。

（4）农民转移净收入区域相对差异研究

由表 4-3 可知，四大地区农民转移净收入的泰尔指数也相对较小，均不超过 0.2，但是地区间的差异较大。从四大地区农民转移净收入水平来说，历年来多数年份东部地区最大，但是东北地区在 2016～2018 年增长较快，且超过了东部地区；西部和中部地区相对较低，历年来均不超过 0.1。2018 年，东北和东部地区农民财产净收入泰尔指数均超过 0.1，增速分别为 0.167 和 0.107，西部和中部地区分别为 0.072 和 0.057。

在增速方面，相较于 2013 年，2018 年各地区农民转移净收入泰尔指数呈现较大差异，东部、中部和西部地区的农民转移净收入水平均呈现下降趋势，增速分别为 -6.14%、-22.97% 和 -18.18%；反而是东北地区的增速迅猛，达到 339.47%，变化较为明显。

4.3　农村金融差异研究

4.3.1　农村金融绝对差异研究

本节通过对农村金融机构数量、农村金融机构从业人员数量、涉农贷款、农业保险保费收入深度和农业保险赔付支出深度的绝对差异分析，探究农村金融的区域差异。农村金融机构总体来说可以分为农村小型金融机构与农村新型金融机构。同样农村金融机构从业人员数量也可分为农村小型金融机构从业人员数量和农村新型金融机构从业人员数量。

（1）农村金融机构绝对差异研究

从农村小型金融机构数量来看，2013~2018年东部地区农村小型金融机构数量保持波动增长。东北、中部、西部地区农村小型金融机构数量均有所下降，东部地区增速为1.00%、东北地区增速为-0.88%、中部地区增速为-2.91%、西部地区增速为-0.63%，其中中部地区农村小型金融机构数量减少速度与东北、西部地区农村小型金融机构减少速度相比较快（见表4-4和图4-11）。

表4-4　2013~2018年四大地区农村金融机构数量

单位：家，万人

年份	地区	农村小型金融 机构数量	农村新型金融 机构数量	农村金融机构 数量合计	农村居民 人口数	农村金融机构分布 密度（每万人拥有量）
2013	东部	27067	638	27705	19275.62	1.437
	东北	5910	124	6034	4366.66	1.382
	中部	20496	545	21041	18588.16	1.132
	西部	23807	672	24479	19554.13	1.252

年份	地区	农村小型金融机构数量	农村新型金融机构数量	农村金融机构数量合计	农村居民人口数	农村金融机构分布密度（每万人拥有量）
2014	东部	27346	881	28227	18966.85	1.488
	东北	5777	277	6054	4300.13	1.408
	中部	20257	733	20990	18206.25	1.153
	西部	23790	816	24606	19152.23	1.285
2015	东部	27893	1232	29125	18511.87	1.573
	东北	5786	360	6146	4231.91	1.452
	中部	20104	1395	21499	17792.37	1.208
	西部	24106	1226	25332	18801.23	1.347
2016	东部	27541	1551	29092	18036.78	1.613
	东北	5770	360	6130	4181.98	1.466
	中部	20248	1205	21453	17338.68	1.237
	西部	24197	2099	26296	18400.90	1.429
2017	东部	27439	2376	29815	17635.76	1.691
	东北	5773	510	6283	4136.58	1.519
	中部	20309	1426	21735	16866.54	1.289
	西部	24140	1836	25976	17992.70	1.444
2018	东部	27339	1926	29265	17319.10	1.690
	东北	5858	427	6285	4044.51	1.554
	中部	19899	1396	21295	16476.59	1.292
	西部	23956	1701	25657	17632.58	1.455

资料来源：2014~2019年中国区域金融运行报告。

从农村新型金融机构数量来看，2013~2018年，四大地区农村新型金融机构发展速度较快，在数量上均有所上涨，在2017年达到最大值后有所下降。东部地区、东北地区、中部地区、西部地区增速分别为201.88%、244.35%、156.15%、153.13%。其中，东北地区增速最快、东部地区次之、中部和西部地区的增速较为接近（见表4-4和图4-12）。

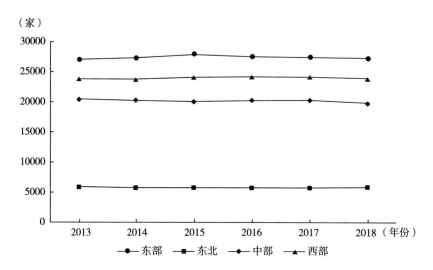

图 4-11　2013～2018 年四大地区农村小型金融机构数量

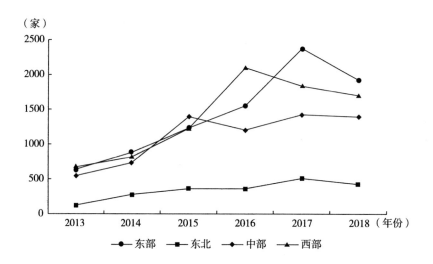

图 4-12　2013～2018 年四大地区农村新型金融机构数量

从农村金融机构总数来看，2013～2018 年，四大地区均波动增长，其中东部地区增速最快，西部地区次之，东北地区位列第三、中部地区增速最慢，其增速分别为 5.63%、4.81%、4.16%、1.21%（见表 4-4 和图 4-13）。

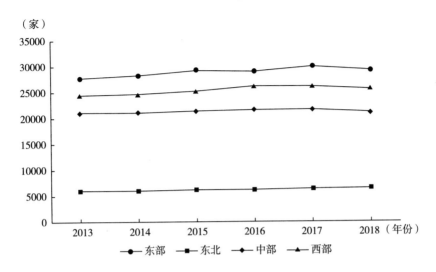

（家）

图 4-13　2013~2018 年四大地区农村金融机构数量

　　从农村金融机构分布密度来看，2013~2018 年四大地区的密度均在上升。其中，东部地区金融机构分布密度最高，东北地区次之，中部地区在四大地区中密度水平最低。东部地区密度上升 0.252，东北地区密度上升 0.172，中部地区密度上升 0.160，西部地区密度上升 0.203，东部地区发展最快，东北地区次之，中部地区发展较慢（见表 4-4 和图 4-14）。各地区之间金融机构密度差距有所拉大。

　　根据上述特征，总的来说，农村金融机构的发展越来越好，无论是总量还是增速，大多保持正增长，但也存在一定的区域和类别差异性。主要体现在两个方面：一是东部地区的各项指标基本处于领先其他三大地区的位置；二是只有农村小型金融机构在个别地区出现负增长，其他均保持正增长。

　　经济的发达程度和金融的发展水平是相互促进的，也就是说，经济发达地区因为经济发展需要对金融机构的需求也相对较多，且随着金融科技的发展，在经济相对较为发达的东部地区先获得了发展的"红利"，所以金融机构相关指标在全国范围内多数表现为正增长。但是，农村小型金融机构数量在东部、东北和西部地区均表现出了较小的负增长，可能是市场竞争环境的变化使小型金融机构改革或合并等原因造成的。

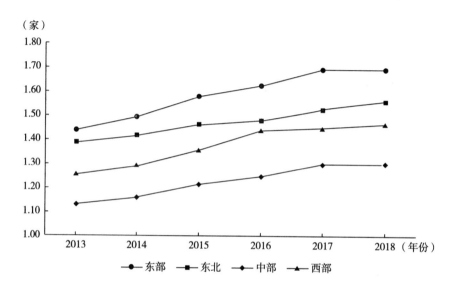

图 4-14 2013~2018 年四大地区农村金融机构分布密度（每百万人拥有量）

（2）农村金融机构从业人员分布密度研究

从农村小型金融机构从业人员数量来看，2013~2018 年，四大地区农村小型金融机构从业人员数量均为波动增长，其中东北地区波动最为明显，在 2017 年达到最高值后略有减少。从增速来看，四大地区在 2013~2018 年均表现出正增长，增速由高到低依次是东北地区、西部地区、中部地区和东部地区，增速分别为 6.57%、5.99%、3.12% 和 2.12%（见表 4-5 和图 4-15）。总体特征是，经济发展程度较高的地区农村小型金融机构从业人员相对较多，反之较少，这与地区经济和金融发展程度有关，也是地区金融需求差异引起的。

表 4-5 2013~2018 年四大地区农村金融机构从业人员数量　　单位：人

年份	地区	农村小型金融机构从业人员数量	农村新型金融机构从业人员数量	农村金融机构从业人员数量合计	农村居民人口数（万人）	农村金融机构从业人员密度（每万人从业量）
2013	东部	334611	15502	350113	19275.62	18.16
	东北	80356	3484	83840	4366.66	19.20
	中部	221948	10754	232702	18588.16	12.52
	西部	242115	13041	255156	19554.13	13.05
2014	东部	346112	21162	367274	18966.85	19.36
	东北	80414	7181	87595	4300.13	20.37
	中部	222623	13553	236176	18206.25	12.97
	西部	248336	16482	264818	19152.23	13.83
2015	东部	338654	25575	364229	18511.87	19.68
	东北	84982	8207	93189	4231.91	22.02
	中部	230223	22850	253073	17792.37	14.22
	西部	249020	22564	271584	18801.23	14.45
2016	东部	340666	30067	370733	18036.78	20.55
	东北	87374	14049	101423	4181.98	24.25
	中部	228789	20314	249103	17338.68	14.37
	西部	253265	28939	282204	18400.90	15.34
2017	东部	341699	38123	379822	17635.76	21.54
	东北	96621	16113	112734	4136.58	27.25
	中部	230146	22197	252343	16866.54	14.96
	西部	252680	33336	286016	17992.70	15.90
2018	东部	341719	33865	375584	17319.10	21.69
	东北	85639	11456	97095	4044.51	24.01
	中部	228880	25305	254185	16476.59	15.43
	西部	256612	36392	293004	17632.58	16.62

资料来源：2014~2019 年中国区域金融运行报告。

从农村新型金融机构从业人员数量来看，2013~2018 年，四大地区农村新型金融机构从业人员发展速度较快，农村新型金融机构从业人员在数量上均有所增加，其中东部、东北地区在 2017 年达到最大值后有所下降。东部地区、东北地区、中部地区、西部地区增速分别为 118.46%、228.82%、135.31%、179.06%。其中东北地区增速最快，位列第一，西部地区次之，中部地区与东部地区分别位列第三、第四（见表4-5 和图4-16）。

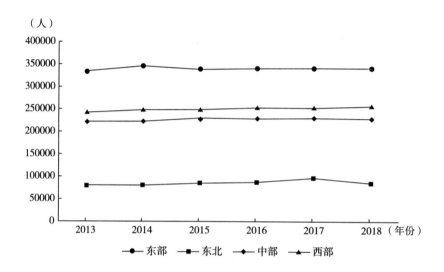

图 4-15　2013~2018 年四大地区农村小型金融机构从业人员数量

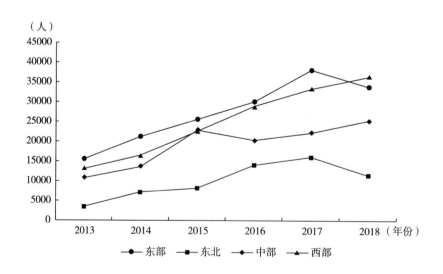

图 4-16　2013~2018 年四大地区农村新型金融机构从业人员数量

从农村金融机构从业人员总数来看，2013~2018 年，四大地区均波动增长，东部地区、东北地区 2017 年达到最大值后略微有所下降。其中，东部地区增速最慢，中部地区次之，西部地区增速较快，东北地区增速最快，其增速分别为 7.28%、9.23%、14.83%、15.81%（见表 4-5 和图 4-17）。

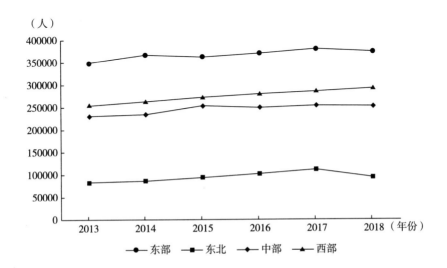

图 4-17　2013~2018 年四大地区农村金融机构从业人员总数

从农村金融机构从业人员分布密度来看，2013~2018 年，四大地区的密度均呈上升趋势，其中东北地区农村金融机构从业人员分布密度最高，东部地区次之，中部地区密度水平最低。2013~2018 年，东部地区密度上升了 3.53，东北地区密度上升了 4.81，中部地区密度上升了 2.91，西部地区密度上升了 3.57，其中东北地区密度上升最快，西部地区次之，东部地区与西部地区较为接近，而中部地区发展较为缓慢（见表 4-5 和图 4-18）。

总体上来说，四大地区的农村金融机构从业人员都呈现出明显的增长趋势。主要表现为：在绝对量上，除了从业人员密度之外，在其他指标中东部地区处于绝对领先的地位。一方面，是由于东部地区经济发展程度较高，金融发展水平处于全国领先的地位，金融机构从业人员数量的存量和增长都较为明显；另一方面，四大地区金融机构从业人员密度表现出来的特征与不同地区的人口数量有密切的关系，但是差距不是特别大。

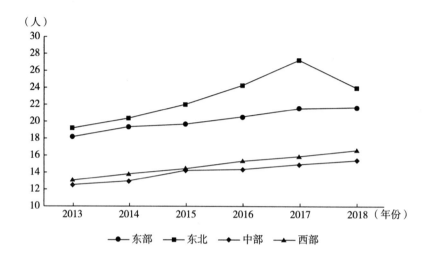

图 4-18　2013~2018 年四大地区农村金融机构从业人员密度（每万人从业量）

从增速上来说，农村新型金融机构的增长最为明显，这也是经济发展需要和金融发展环境变化导致的。同时，随着金融科技的发展、市场竞争环境的变化和实体经济等的现实需求，农村金融机构也迎来了改革的浪潮，出现了数量明显增加的现象。

（3）农村涉农贷款绝对差异研究

从农村涉农贷款来看，2013~2018 年，四大地区涉农贷款存在较大差异。东部地区涉农贷款远超过其他三大地区，西部地区和中部地区涉农贷款居中，东北地区的涉农贷款总额最小，且历年来均为此特征。其中，西部地区与中部地区涉农贷款基本上稳步增长且趋势相近，但两者之间的差距有缩小的趋势；东部地区和东北地区的涉农贷款差距最为明显，历年来东部地区基本上是东北地区的 5~8 倍，且两者的差距不断在拉大，从 2013 年的 8.8 万亿元不断扩大到 2018 年的 10.5 万亿元（见表 4-6 和图 4-19）。

表4-6 2013~2018年四大地区涉农贷款   单位：亿元

区域	2013年	2014年	2015年	2016年	2017年	2018年
东部	101754.30	109052.30	109052.30	116109.10	122450.10	125236.20
东北	13635.74	15947.03	15947.03	20301.36	20497.48	19754.48
中部	38455.99	43911.68	43911.68	55316.30	62664.08	67945.68
西部	46878.95	53360.23	53360.23	66316.86	73155.12	75355.56

资料来源：Wind 数据库。

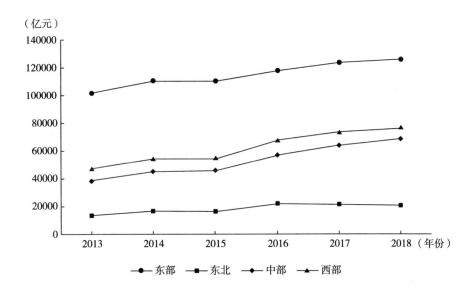

图4-19 2013~2018年四大地区涉农贷款

从增速上来说，2013~2018年，四大地区涉农贷款增长都较为明显，尤其是中部地区和西部地区，两者增速分别达到了76.68%和60.74%；东北地区也达到了44.87%；而东部地区增速相对较低，为23.08%。

造成上述现象的原因可能有：其一，东部地区由于农业机械化水平较高，农村产业结构转变较快，人口较多所需要的资金较多，对于涉农贷款需求较大。同时，东部地区人均收入水平较高，其偿还能力较强，因此东部地区涉农贷款数远高于其他地区。此外，由于本身涉农贷款数额较高，东部地区涉农贷款增速较其他三个地区相比较慢。其二，中部地区由于中部崛起政策的推进，以及处于脱贫攻坚的关键阶段，涉农贷款数在 2013～2018 年增长迅速。其三，东北地区由于农民主要收入方式还是以传统的家庭生产农业为主，农民收入水平较低，因此对于贷款的需求较小，涉农贷款数额较少，但由于产业升级和传统农业向新型农业的升级，涉农贷款增速较快。其四，西部地区农民收入水平较低，因此总体贷款数额较小，但由于西部大开发，政府对于西部脱贫扶贫的重视以及对西部新型农业的推动，西部地区涉农贷款数增长速度较快。

（4）农业保险保费收入深度和农业保险赔付支出深度绝对差异研究

从农业保险保费收入深度来看，东部地区农业保险保费收入深度大于其他三大地区农业保险保费收入深度，东北地区和西部地区农业保险保费收入深度较为接近，中部地区农业保险保费收入深度最低。2013～2018 年，四大地区的农业保险保费收入深度的区域差距有拉大的趋势。东部地区与其他三大地区的深度差距逐渐拉大，中部地区与其他三大地区的深度差距同样有拉大的趋势。其中，2018 年，东部地区农业保险保费收入深度为 2.23%，东北地区为 1.43%，中部地区为 0.96%，西部地区为 1.26%（见表 4-7 和图 4-20）。

表 4-7　2013～2018 年四大地区农业保险保费收入和农业保险赔付支出深度

单位:%

年份	地区	农业保险保费收入深度	农业保险赔付支出深度
2013	东部	0.97	2.12
	东北	0.77	0.56
	中部	0.55	0.36
	西部	0.76	0.43
2014	东部	1.20	1.00
	东北	0.71	0.59
	中部	0.55	0.30
	西部	0.82	0.50

续表

年份	地区	农业保险保费收入深度	农业保险赔付支出深度
	东部	1.43	0.85
2015	东北	0.82	0.64
	中部	0.58	0.34
	西部	1.28	0.75
	东部	1.41	1.03
2016	东北	1.83	0.70
	中部	0.64	0.49
	西部	0.95	0.66
	东部	1.74	1.09
2017	东北	1.34	0.86
	中部	0.83	0.45
	西部	1.07	0.86
	东部	2.23	1.48
2018	东北	1.43	0.79
	中部	0.96	0.63
	西部	1.26	0.89

资料来源：2013~2019 年《中国保险年鉴》。

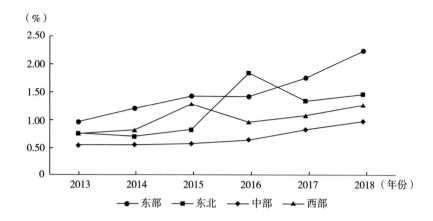

图 4-20　2013~2018 年四大地区农业保险保费收入深度

从四大地区的农业保险保费收入深度增速水平来看，2013～2018 年，东部地区增速最快，位列第一，东北地区位列第二，中部地区位列第三，西部地区位列第四。东部地区农业保险保费收入深度增速为 129.90%，东北地区增速为 85.71%，中部地区增速为 74.55%，西部地区增速为 65.79%。总体而言，东部地区与其他三大地区相比增速较快，且差距较大；西部地区与东北、中部地区相比增速差距较大；东北地区和中部地区的增速较为接近。从增速角度来看，四大地区的农业保险保费收入深度具有较大的区域差异性，其农业保险保费收入深度的区域差异有拉大的趋势。

从农业保险赔付支出深度来看，四大地区农业保险赔付支出深度具有较为显著的区域差异。2013 年，东部地区农业保险赔付支出深度较高，位列第一，东北区域位列第二，西部地区位列第三，中部地区位列第四。2018 年，西部地区农业保险赔付支出深度超过东北地区，位列第二，东部地区仍然位列第一，中部地区位列第四。2013～2018 年，四大地区农业保险赔付支出深度的区域差异有拉大的趋势。其中，2018 年，东部地区农业保险赔付支出深度为 1.48%，西部地区的深度为 0.89%，东北地区的深度为 0.79%，中部地区的深度为 0.63%（见表 4-7 和图 4-21）。

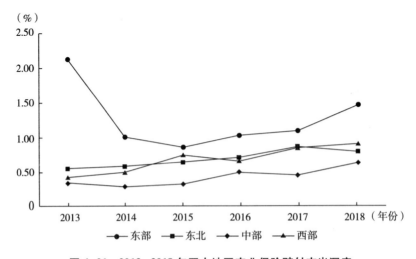

图 4-21　2013～2018 年四大地区农业保险赔付支出深度

从四大地区农业保险赔付支出深度增速角度来看，2013~2018 年四大地区农业保险赔付支出深度增速存在较大的区域差异。其中，西部地区增速最快，位列第一，中部地区位列第二，东北地区位列第三，东部地区位列第四。2013~2018 年，东部地区农业保险赔付支出深度增速为−30.19%，东北地区增速为 41.07%，中部地区增速为 75.00%，西部地区增速为 106.98%。

造成上述现象的原因可能有：其一，东部地区农村城镇化水平较高，农村产业结构转变较快，收入水平较高，金融机构密度高，农民对于金融产品和保险产品的接触较多，金融知识和保险意识相对较高，因此东部地区农业保险保费收入深度和农业保险赔付支出深度均高于其他地区；其二，中部地区由于农民收入水平较低，同时农业保险推进的程度相较于经济发达地区来说相对较低，因此地区农业保险保费收入深度和农业保险赔付支出深度较低；其三，由于东北地区农民主要收入方式还是以家庭生产农业为主，产业升级和传统农业向新型农业的升级，对于农业保险的需求较大，因此地区农业保险保费收入深度和农业保险赔付支出深度较高；其四，西部地区农民收入水平较低，但由于西部大开发，政府对西部脱贫扶贫的重视以及对西部新型农业的推动，西部地区对于风险规避的需求较大，因此西部地区农业保险保费收入深度和农业保险赔付支出深度较高。

4.3.2　农村金融相对差异研究

本节通过对农村金融机构、农村金融机构从业人员、涉农贷款、农业保险保费收入深度和农业保险赔付支出深度的相对差异分析，探究农村金融的区域差异。

（1）农村金融机构区域相对差异研究

由表 4-8 可知，整体上四大地区农村小型金融机构的泰尔指数中，四大地区的区域差异较大。从泰尔指数水平上来说，2013~2018 年东部地区最高，远大于其他地区，西部地区位列第二，同样远大于西部地区和中部地区，中部地区与东北地区之间差距较小。但自 2013 年以来，各地区的泰尔指数差距增大，各地的小型金融机构差距有所增大。其中，2018 年东部地区泰尔指数为 0.231，东北地区泰尔指数为 0.040，中部地区泰尔指数为 0.069，西部地区泰尔指数为 0.136。

表 4-8　2013~2018 年四大地区农村金融机构泰尔指数

地区	年份	2013	2014	2015	2016	2017	2018
农村小型金融机构	东部	0.148	0.164	0.173	0.203	0.218	0.231
	东北	0.029	0.028	0.035	0.032	0.035	0.040
	中部	0.032	0.036	0.042	0.055	0.068	0.069
	西部	0.075	0.085	0.102	0.116	0.127	0.136
农村新型金融机构	东部	0.743	0.745	0.102	0.704	0.812	0.770
	东北	0.340	0.505	0.047	0.365	0.422	0.403
	中部	0.688	0.681	0.763	0.615	0.616	0.653
	西部	0.760	0.710	0.692	0.824	0.698	0.713
农村金融机构	东部	0.038	0.045	0.044	0.038	0.041	0.036
	东北	0.005	0.005	0.003	0.001	0.001	0.001
	中部	0.034	0.034	0.037	0.041	-0.040	0.043
	西部	0.009	0.006	0.010	0.004	0.013	0.015

注：农村金融机构包括农村小型金融机构和农村新型金融机构。

从农村小型金融机构的泰尔指数变化速度来看，中部地区泰尔指数增速最快、西部地区次之、东部地区位列第三，东北地区最慢。2013~2018 年四大地区泰尔指数增速分别为东部地区 56.08%、东北地区 37.93%、中部地区 115.63%、西部地区 81.33%。四个地区的泰尔指数均有较大的正向变化，但是区域间差异却相对明显。

从农村新型金融机构的泰尔指数来看，在四大地区中，东部、中部、西部地区的农村新型金融机构差异较小，且都远大于东北地区，地区差异明显。2013~2018 年，四大地区的泰尔指数虽均有所增长，但差距并未拉大。其中，2018 年东部地区农村新型金融机构的泰尔指数为 0.77、东北地区的泰尔指数为 0.403、中部地区为 0.653、西部地区为 0.713。

从农村新型金融机构的变化速度来看，东部地区和东北地区农村新型金融机构泰尔指数增速均呈现正向增长的趋势，且东北地区增长最为明显，达到了 18.53%，东部地区有所增长，为 3.63%；而中部地区和西部地区的泰尔指数却呈现明显的下降趋势，增速分别为 -5.09% 和 -6.18%。

最后，从农村金融机构的泰尔指数及其变化来看，又与上述农村小型金融机构和农村新型金融机构呈现不同的特征。从泰尔指数来看，东部地区与中部地区农村金融机构泰尔指数较为接近，东部地区泰尔指数在 2013~2018 年略有下降，东北地区下降较为明显，中部地区和西部地区有所上升。各地区泰尔指数的差异有变大的趋势，2018 年东部地区泰尔指数为 0.036，东北地区为 0.001、中部地区为 0.043、西部地区为 0.015。从各地区泰尔指数变化特征来看，东部地区和东北地区均呈现下降的趋势，但是东北地区下降最为明显，为 -80.00%；中部地区和西部地区则呈现上升趋势，分别为 26.47% 和 66.67%。

（2）农村金融机构从业人数区域相对差异研究

由表 4-9 可知，四大地区农村小型金融机构从业人员泰尔指数的区域差异较大。从泰尔指数水平上来看，2013~2018 年，东部地区最高，并且高于其他地区，其次是中部地区和西部地区，且两者相差较小，东北地区的泰尔指数相对较小。但是，从 2013 年以来，各地区的泰尔指数差距逐渐缩小，其中 2018 年东部地区泰尔指数为 0.059，东北地区泰尔指数为 0.021，中部地区泰尔指数为 0.049，西部地区泰尔指数为 0.042。另外，从农村小型金融机构从业人员泰尔指数变化速度来看，中部地区和西部地区泰尔指数为正增长，中部地区泰尔指数增速最快、西部地区次之。东部地区与东北地区为负增长，东部地区泰尔指数减少最多，东北地区次之。2013~2018 年，四大地区泰尔指数增速分别为东部地区 -24.36%、东北地区 -12.5%、中部和西部地区均为 16.67%。从发展速度上来看，四大地区之间也存在较大的地区差异，但泰尔指数之间的差距有所缩小。

表 4-9　2013~2018 年四大地区农村金融机构从业人员泰尔指数

地区　＼　年份		2013	2014	2015	2016	2017	2018
农村小型金融机构从业人员	东部	0.078	0.082	0.067	0.065	0.059	0.059
	东北	0.024	0.021	0.026	0.026	0.036	0.021
	中部	0.042	0.046	0.043	0.047	0.048	0.049
	西部	0.036	0.035	0.040	0.040	0.045	0.042
农村新型金融机构从业人员	东部	0.057	0.055	0.009	0.007	0.032	0.004
	东北	0.012	0.068	0.038	0.109	0.100	0.038
	中部	0.043	0.059	0.013	0.072	0.082	0.060
	西部	0.009	0.030	0.032	0.011	0.019	0.015
农村金融机构从业人员	东部	0.077	0.081	0.062	0.059	0.056	0.052
	东北	0.024	0.024	0.027	0.033	0.042	0.023
	中部	0.042	0.047	0.040	0.049	0.052	0.050
	西部	0.035	0.035	0.039	0.037	0.042	0.036

注：农村金融机构从业人员包括农村小型金融机构从业人员和农村新型金融机构从业人员。

从四大地区的农村新型金融机构从业人员泰尔指数来看，地区间存在较大差异，且泰尔指数变动幅度较大。2013~2018 年，四大地区的农村新型金融机构泰尔指数相对较小，基本在 0.1 以下，且变动波动明显。其中，2018 年东部地区农村新型金融机构从业人员泰尔指数为 0.004、东北地区为 0.038、中部地区为 0.060、西部地区为 0.015。从农村新型金融机构从业人员的变化速度来看，除东部地区为负向变化外，其他三个地区均为正增长，且变化幅度差异较大，但差距有一定程度的减小。其中，东北地区增幅最为明显，达到了216.67%，而中部和西部地区的增速分别为 39.53% 和 66.67%。

最后，从农村金融机构从业人员泰尔指数来看，东部地区与中部地区相对接近，而东北地区与西部地区也相对接近，东部地区与中部地区的泰尔指数要大于东北地区和西部地区，且每个地区自身的泰尔指数变化也较为明显。2018年，四大地区的新型农村金融机构的泰尔指数分别为东部地区 0.052，东北地区 0.023、中部地区 0.050、西部地区 0.036。从农村金融机构从业人员泰尔指数变化速度来看，东部地区和东北地区农村金融机构泰尔指数为负增长，东部地区增速为−32.47%、东北地区为−4.17%；中部地区和西部地区泰尔指数为正增长，中部地区增速为 19.05%、西部地区增速为 2.86%。四大地区农村金融机构从业人员泰尔指数的差异从泰尔指数变动的速度来看有较大的地区差异，但总体泰尔指数有缩小趋势。

（3）农村涉农贷款区域相对差异研究

由表 4-10 可知，从四大地区的涉农贷款泰尔指数来看，四大地区泰尔指数有显著的区域差异，东部地区泰尔指数远高于其他地区的涉农贷款泰尔指数。2013~2018 年，东部地区泰尔指数有所下降，其他地区的涉农贷款泰尔指数均有所上升，四大地区的泰尔指数差距有所缩小。其中，2018 年东部地区的涉农贷款泰尔指数为 0.086，东北地区为 0.027，中部地区为 0.080，西部地区为 0.062。

表 4-10　2013~2018 年四大地区涉农贷款泰尔指数

地区 \ 年份		2013	2014	2015	2016	2017	2018
涉农贷款	东部	0.091	0.090	0.089	0.087	0.086	0.086
	东北	0.026	0.026	0.026	0.027	0.027	0.027
	中部	0.071	0.072	0.069	0.076	0.078	0.080
	西部	0.057	0.058	0.055	0.064	0.062	0.062

从涉农贷款的泰尔指数变化速度来看，中部、西部地区的泰尔指数增速较快，东北地区较中部、西部两地区相比在泰尔指数的增速上较慢，东部地区以一定速度在减少。2013~2018 年，东部地区涉农贷款泰尔指数增速为−5.49%，东北地区增速为 3.85%，中部地区增速为 12.68%，西部地区增速为 8.77%。

（4）农业保险保费收入深度和农业保险赔付支出深度相对差异研究

由表4-11可知，四大地区农业保险保费收入深度和赔付支出深度泰尔指数具有较大的区域差异性，其中，东部地区最高，远高于其他三个地区；东北和西部地区相对比较接近；而中部地区的泰尔指数在所有地区中最低，基本保持在2~3。此外，2013~2018年中部、西部地区与东部、东北两地区相比，农业保险保费收入深度泰尔指数差距增大，农业保险赔付支出深度的泰尔指数差距缩小。

表4-11 2013~2018年四大地区农业保险保费收入深度和赔付支出深度泰尔指数

地区 \ 年份		2013	2014	2015	2016	2017	2018
保费收入深度	东部	6.057	8.374	8.520	7.604	8.746	10.203
	东北	4.929	4.696	4.601	11.185	6.763	6.336
	中部	2.545	2.711	2.303	2.378	2.961	3.077
	西部	4.543	5.377	7.575	4.724	4.849	5.133
赔付支出深度	东部	17.850	11.750	8.075	9.215	7.610	9.599
	东北	3.705	6.537	6.128	6.127	6.045	4.725
	中部	1.608	2.224	2.124	3.144	2.089	2.860
	西部	2.452	5.118	7.055	5.418	5.784	5.274

从泰尔指数变化速度来看，2018年与2013年相比，四大地区的农业保险保费收入深度泰尔指数均呈现正向变化，且增速高低依次为东部地区68.45%、东北地区28.55%、中部地区20.9%、西部地区12.99%。而四大地区的农业保险赔付支出深度的变化差异较大，除了东部地区为负增长之外，其他三个地区均呈现出正增长趋势，且西部地区增长最为明显，达到115.09%，东北和中部地区则分别为27.53%和77.86%。

4.4　本章小结

　　本章着重研究了农民收入和农村金融发展的区域差异。从绝对差异和相对差异两个角度进行探究，得到的总体区域差异结果相差不大。

　　从农民收入水平来看，东部地区农民收入水平较高，各地区存在较大的区域差异且各地区的农民收入差异有拉大的趋势。从农民收入结构来看，各地区主要依靠的收入方式均不相同。东部地区主要依靠工资性收入作为主要收入来源；经营净收入则为东北、西部地区的主要收入来源；对于中部地区来说，经营净收入和工资性收入均是重要的收入来源。此外，工资性收入是所有地区重要的收入来源，农民财产净收入和转移净收入在四大地区农民收入占比中比例不高，不是主要收入来源。

　　从区域农村金融机构发展水平来看，四大地区的金融机构，无论是农村小型金融机构还是农村新型金融机构或是总的农村金融机构，其发展水平都有较大的地区差异，其中东部地区总体来说发展水平较高。从农村金融机构密度来看，中部地区的农村金融机构密度在四大地区的农村金融机构密度中最低，东部地区密度最高，东北地区和西部地区介于两者之间，且 2013～2017 年东部地区和中部地区差距不断增大，在 2018 年略有下降；而东北地区和西部地区之间的差距在 2013～2016 年不断缩小，却在 2017～2018 年不断增大。农村金融机构从业人员密度与农村金融机构密度的研究结果相类似，但也有所不同。其中，东北地区农村金融机构从业人员密度最高，东部地区次之，西部地区位列第三，中部地区位列第四。四大地区金融机构从业人员密度同样有较大的地区差异，且有拉大的趋势。在涉农贷款方面，东部地区涉农贷款最高，中部地区次之且远高于东北地区和西部地区涉农贷款，地区间的差距同样在逐年拉大。从保险保费收入深度和保险赔付支出深度角度来看，同样是东部地区深度最高；中部地区最低；东北地区和西部地区介于两者之间，但是整体上存在一个大体趋势，即农业保险赔付支出深度的差距在不断缩小，而农业保险保费收入深度差距有扩大趋势。

从农民收入和农村金融结合来看，两者之间可能存在一定联系，东部地区的地区发展水平较高且经济水平较高，因此不仅使农民收入水平较高，对于农村金融机构的需求较大，还使农村金融机构数量较高且发展较快，同时反作用于农民的收入水平上。而中部、东北、西部地区相对东部地区来说发展水平较低，因此农民收入水平较低且农村金融机构的发展水平较为滞后。

政府部门应该重视农民收入水平和农村金融机构上的地区差异，采取一定合理有效的政策。第一，在保持东部地区农民收入水平的基础上，重视高质量发展，优化农村产业结构，促进农村收入的自动化和一体化发展。同时，提高东北、中部、西部地区的发展速度和发展水平，缩小地区差异。第二，重视推进东北地区的农业产业升级，发展新型农业，改变单一的传统家庭经营的主要收入方式。第三，中部地区应当推进农村金融的建设发展。中部地区农村金融水平较低，涉农贷款较少，缺乏一定的资金支持。第四，西部地区应当发展适宜该地区的特色农业，促进西部地区农民增收，同时发展农村金融，为农民增收提供经济保障。

5 农民增收与农村金融发展
关系的实证分析

5.1 关于农民增收与农村金融发展的文献综述

胡帮勇和张兵（2012）、潘海英等（2013）通过构建协整与误差修正模型研究了农村金融发展与农民增收之间的长期均衡和短期波动的动态关系，进而通过脉冲响应与方差分解进一步分析了农村金融发展对农民收入的动态冲击路径和影响大小；华志远（2013）、陆彩兰和洪银兴（2013）、邓恩等（2015）构建协整检验和 VAR 模型分别分析了山东省、江苏省和湖南省农村金融发展与农民收入增长之间的关系；朱德莉（2014）同样基于协整和 VEC 模型、VAR 模型研究我国农村金融发展和农民收入增长的关系；周泽炯和王磊（2014）采用协整和误差修正模型分析农村金融发展对城乡居民收入差距的影响效应。

李明贤和叶慧敏（2014）通过多元线性回归分析了农村金融发展如何影响农民收入水平；刘玉春等（2016）通过典型相关分析和 OLS 回归分析研究了中国农村金融发展与农民收入增长之间的相关关系。

谭崇台和唐道远（2015）通过 Moran's I 指数和模型基于地理位置视角分析了农村金融发展与农村经济增长的影响；王淑英等（2016）考虑到空间溢出效应，构建空间杜宾模型分析农村金融发展对农村经济增长的影响；陈亮和陶冶（2017）基于农村二元分层金融视角，运用空间计量方法，通过 Moran's I 指数和空间固定效应模型分别分析了农村正规金融与非正规金融对农民收入增长的影响。

傅鹏和张鹏（2016）基于面板门槛回归模型分别在全国及区域层面上分析了农村金融发展对贫困减缓的门槛效应；李德荃（2018）通过面板门槛回归模型研究了山东省各地市农村金融发展对农民收入的影响，发现山东省各地市农村金融发展与农民增收之间并非简单的线性关系，而是存在着明显的门槛效应；刘宏霞等（2018）构建面板门槛回归模型分别分析了西部地区农村金融发展和财政支农对农村生活贫困、医疗贫困和教育贫困减缓的影响。

谢玉梅和徐玮（2016）采用面板数据模型分析了全国及东部、中部、西部地区农村金融发展水平对农民收入增长的影响；奚桂前和胡元林（2019）通过面板回归模型分析了农村金融发展对农村居民可支配收入、农村居民消费支出的影响；赵洪丹等（2019）通过 OLS 回归、静态面板回归、动态面板回归等方法研究了吉林省农村金融创新和农村金融发展对农村经济发展的影响；温涛和王佐滕（2021）基于农民创业的中介视角，通过面板回归模型研究了农村金融多元化的农民增收效应。

黄寿峰（2016）通过面板分位数回归模型分析了财政支农、金融支农及其协作效应对农民增收影响的影响，并通过设置时间虚拟变量、引入空间权重矩阵从时间及区域层面对回归结果进行稳健性检验；斯琴塔娜（2018）同样采用面板分位数模型研究了西部七个省份农村金融发展对农村经济增长的影响，并采用固定效应模型进行稳健性检验。

综上可知，学者们大多采用协整与误差修正模型研究农村金融发展与农民收入增长的长期均衡和短期动态关系，并采用 VAR 模型分析两者之间的动态影响路径和影响大小；通过面板回归及 OLS 回归等方法分析农村金融发展对农民收入增长的线性影响，通过面板门槛回归模型探究农村金融发展对农民增收是否存在门槛效应，通过面板分位数回归研究不同收入水平上农村金融发展对农民增收的影响是否存在差异；同时，运用空间计量方法，通过 Moran's I 指数、空间面板模型等方法分析了地理位置对农民收入与农村金融发展之间关系的影响；还有一些学者分别研究全国及东部、中部、西部地区农村金融发展对农民增收的影响，探究两者关系的区域差异。

参考上述学者的研究方法，依据数据特征，本书首先构建全国及东部、中部、西部地区农民收入增长与农村金融发展的面板回归模型，进而构建全国及区域层面两者的面板分位数回归模型，不仅研究了农民收入增长与农村金融发展的区域差异，同时分析了不同收入水平上两者关系的具体特征。

5.2 研究思路与模型设定

5.2.1 研究设定

农村金融发展能够促进农村资源和资金的有效配置，从而提升农村经济的运行效率，促进农村经济的增长，进而为农民提供更多的就业机会和社会福利，有利于农民收入的增长。本书的实证目的在于检验农村金融发展是否促进了农民增收，其对农民收入增长的促进作用有多大。由于农村金融发展可以由农村金融发展规模、效率、农村金融资源分布密度、农业保险等指标进行衡量，本书认为农村金融发展各指标能够促进农民增收，但不同指标的促进作用存在差异。据此，本书提出假说 1。

假说 1：农村金融发展能够促进农民增收。

由于我国的金融市场并不发达，总体金融资源有限，因而容易造成金融资源在城乡之间和区域之间的配置不均衡。这种城乡与区域双重失衡的金融资源配置结果可能导致农村金融对农民增收促进作用的差异。由于本书主要考察农村金融与农民收入的关系，故在此只考虑这种区域差异。我国整体可划分为东部、中部、西部和东北四个地区，东部地区农村金融发展水平最高，从农村吸收的资金愿意留在农村进行生产投资，进而对农民收入增长的促进作用较大；中部地区农村金融发展水平落后于东部地区，因此其对农民收入的促进作用可能较小；西部和东北地区农村金融发展水平比较落后，且呈两极分化状态（重庆、四川、陕西接近东部、中部地区水平，而其余省份排名靠后），从农村吸收的资金可能通过农村金融机构转移到城市中，用于收益更高的生产、投资项目，农村金融发展不仅没有促进农民增收，反而还抑制了农民增收。根据以上分析，本书提出假说2。

假说2：农村金融发展对农民增收的促进作用存在区域差异。在农村金融发展水平较高的东部地区，农村金融发展显著促进农民收入增长；在农村金融发展水平欠发达的中部地区，农村金融发展对农民增收的促进作用较小；在农村金融发展水平落后且分化严重的西部地区和东北地区，农村金融发展不仅没有促进农民增收，反而还抑制农民增收。

由于信息不对称，加上农民抵押品不足，存在明显的逆向选择和道德风险问题，金融机构往往设置了相应的准入门槛，低于这一门槛的农户无法获得金融服务。因此，收入水平较高的农民能够获得更多的金融服务，而收入水平较低的农民获得的金融服务较少，甚至无法获得金融服务。为检验不同收入水平下农村金融发展对农民增收的促进作用，本书提出假说3。

假说3：不同收入水平下，农村金融发展对农民增收的影响存在差异。在收入水平较低时，农村金融发展抑制农民增收；在收入水平位于中等时，农村金融发展对农民增收的促进作用相对较小；在收入水平较高时，农村金融发展能够显著促进农民增收。

5.2.2 模型选择

为了研究农民收入增长与农村金融发展之间的关系，借鉴 Greenwood 和 Jovanvic（1990）、温涛等（2005）等的分析方法，引入柯布—道格拉斯生产函数的分析框架，将农村金融发展水平作为一项要素投入生产过程，构建反映农民收入与农村金融发展关系的生产函数：

$$Y = f(K, L, X) \tag{5-1}$$

其中，Y 代表农村居民可支配收入，K 为总资本投入，L 代表劳动力投入，X 为农村金融发展水平。由于农村地区普遍存在劳动力剩余现象，可以对农村劳动力投入增加容量限制 $\overline{L}$，当农村地区劳动力投入达到最大规模时，农民收入只能由农村总资本投入和农村金融发展水平决定。本章研究农村金融发展对农民增收的影响，因此总资本投入可以视为控制变量。则公式（5-1）变为：

$$Y = mf(K, X) \tag{5-2}$$

其中，m 表示在最大生产能力条件下最大劳动力投入的系数，对公式（5-2）取全微分，得到：

$$dY = m \left(\frac{\partial f}{\partial k} dK + \frac{\partial f}{\partial x} dX \right) \tag{5-3}$$

两边同时除以 m，得到：

$$\frac{dY}{m} = \frac{\partial f}{\partial k} dK + \frac{\partial f}{\partial x} dX \tag{5-4}$$

将公式（5-4）进行简化处理，并用 β_i（$i = 0, 1, 2, \cdots, n$）代表资本投入的边际产出和农村金融发展水平的边际产出，得出本章的基本计量模型：

$$dY = \beta_0 + \beta_1 dK + \beta_2 dX_1 + \cdots + \beta_i dX_i + \mu_i \tag{5-5}$$

其中，β_0 为常数项，μ_i 为随机误差项。

为了全面反映农村金融发展对农民收入增长的影响，本章选取农村金融发展规模、农村金融发展效率、农村金融资源分布密度及农业保险相关指标衡量农村金融发展水平，同时将经济增长、财政支农投入、城镇化水平和农村固定资产投资作为控制变量，构建面板回归模型：

$$NMSR_{it} = \beta_0 + \beta_1 GM_{it} + \beta_2 XL_{it} + \beta_3 JG_{it} + \beta_4 RY_{it} + \beta_5 BFMD_{it} + \beta_6 BFSD_{it} + \beta_7 PFMD_{it} + \beta_8$$
$$PFSD_{it} + \beta_9 GDP_{it} + \beta_{10} CZ_{it} + \beta_{11} CZH_{it} + \beta_{12} TZ_{it} + \mu_{it} \tag{5-6}$$

公式（5-6）中，$NMSR$ 为农村居民可支配收入，GM 为农村金融发展规模，XL 为农村金融发展效率，JG 为农村金融机构分布密度，RY 为农村金融机构从业人员分布密度，$BFMD$ 为农业保险保费收入密度，$BFSD$ 为农业保险保费收入深度，$PFMD$ 为农业保险赔付支出密度，$PFSD$ 为农业保险赔付支出深度，以上指标用来衡量农村金融发展水平。GDP、CZ、CZH 和 TZ 均为控制变量，其中，GDP 代表经济增长水平，CZ 代表财政支农投入，CZH 代表城镇化水平，TZ 代表农村固定资产投资水平。下标 i 和 t 分别代表省份和年份，μ_{it} 表示与解释变量无关的随机干扰项。

5.3 指标选取和数据来源

5.3.1 被解释变量

与大多数文献研究类似，本章选取农村居民人均可支配收入衡量农民收入增长水平，按照收入来源可划分为经营净收入、工资性收入、财产净收入和转移净收入四种类型。为剔除物价水平的影响，采用 2012 年为基期的 CPI 指数，计算出实际农村居民可支配收入，同时对其进行对数化处理，以消除数据在时间上的波动和异方差现象。数据来源于历年《中国统计年鉴》。

5.3.2 核心解释变量

农村金融发展规模：衡量农村金融发展规模的常用指标有戈氏和麦氏指

标，戈氏指标即金融相关率，采用金融资产与国内生产总值（GDP）的比值
计算得出，而麦氏指标则采用广义货币与国民生产总值（GNP）的比值确定。
Levine 和 Zervos（1998）认为货币化指数，即麦氏指标不能反映负债的来源，
也不能反映金融系统的资源配置。考虑到农村金融资产的单一性及数据可获得
性，本书将涉农贷款与第一产业增加值的比值作为衡量农村金融发展规模的
指标。

农村金融发展效率：大多数学者认为农村金融发展效率是指农村金融中介
将农村存款转化为农村贷款，进而支持农村经济发展的能力，用农村贷款除以
农村存款来衡量。本章则采用数据包络分析方法（DEA），将涉农贷款作为投
入，第一产业增加值作为产出，直接测算农村金融支持农村经济发展的效率。

农村金融资源分布密度：农村金融资源主要包括农村金融机构和农村金融
机构从业人员的数量，因此采用农村金融机构分布密度和农村金融机构从业人
员分布密度两个指标，其中农村金融机构数量除以农村常住人口（万人）得
到农村金融机构密度（每万人拥有量），农村金融机构从业人员数量除以农村
常住人口（万人）得到农村金融机构从业人员密度（每万人从业量）。其中，
农村金融机构是指农村小型金融机构和农村新型金融机构。

为全面衡量农村金融发展水平，将农业保险指标纳入解释变量。本章采用
农业保险保费收入除以农村常住人口数（万人）衡量农业保险保费收入密度，
采用农业保险保费收入除以第一产业增加值衡量农业保险保费收入深度，农业
保险赔付支出密度用农业保险赔付支出除以农村常住人口数（万人）来衡量，
农业保险赔付支出深度用农业保险赔付支出除以第一产业增加值来衡量。

5.3.3 控制变量

由于不同地区经济发展水平存在较大差异，采用人均 GDP 作为控制变量；
考虑到国家财政支农政策对农民收入的影响，采用财政支农投入水平作为控制
变量，即财政支农支出与财政总支出的比值，财政支农支出为农林水事务支

出；由于城乡居民收入存在较大差距，因此选用城镇化水平作为控制变量，即城镇常住人口数除以全国总人口数；资本总投入作为控制变量引入模型，采用农村固定资产投资完成额来衡量，由于本章其他变量都是比值，数值比较小，为消除量纲的影响，将农村固定资产投资完成额进行取对数化处理。各个变量的具体计算方法如表5-1所示。

表5-1 变量定义

变量分类	变量名称	变量计算方法和定义
被解释变量	农民收入（NMSR）	农村居民人均可支配收入
核心解释变量	农村金融发展规模（GM）	涉农贷款÷第一产业增加值
	农村金融发展效率（XL）	以涉农贷款为投入、第一产业增加值为产出，用DEA方法测算效率
	农村金融机构分布密度（JG）	农村金融机构数量÷农村常住人口（万人）
	农村金融机构从业人员分布密度（RY）	农村金融机构从业人员数量÷农村常住人口（万人）
	农业保险保费收入密度（BFMD）	农业保险保费收入÷农村常住人口数（万人）
	农业保险保费收入深度（BFSD）	农业保险保费收入÷第一产业增加值
	农业保险赔付支出密度（PFMD）	农业保险赔付支出÷农村常住人口数（万人）
	农业保险赔付支出深度（PFSD）	农业保险赔付支出÷第一产业增加值
控制变量	经济增长（GDP）	人均GDP
	财政支农投入（CZ）	财政支农支出÷财政总支出
	城镇化水平（CZH）	城镇常住人口数÷全国总人口数
	农村固定资产投资水平（TZ）	农村固定资产投资完成额

5.3.4 数据说明

本章研究的样本范围为全国30个省份，由于西藏自治区缺失多项数据，故将其剔除。本章的数据均采用以2012年为基期的CPI指数进行平减，计算得出的实际值。其中，涉农贷款、农村小型金融机构和农村新型金融机构数据来源于Wind数据库；农业保险保费收入和农业保险赔付支出数据来源于《中国保险年鉴》；第一产业增加值、GDP、农林水事务支出、农村固定资产投资完成额以及城镇、农村常住人口数均来源于《中国统计年鉴》。考虑到数据的可得性，本章研究的样本区间为2013~2018年，各变量的描述性统计如表5-2所示。

表5-2　变量描述性统计

	均值	中位数	最大值	最小值	标准差	偏度	峰度	J-B 统计量	观测个数
LN（NMSR）	9.31	9.27	10.18	8.60	0.32	0.56	3.11	9.43***	180
GM	6.06	4.15	19.07	1.48	4.50	1.54	4.16	81.21***	180
XL	0.38	0.39	1.00	0.08	0.20	0.82	4.06	28.74***	180
JG	1.52	1.39	2.68	0.86	0.46	0.88	2.92	23.42***	180
RY	19.03	16.42	39.95	7.94	7.43	0.86	2.74	22.47***	180
BFMD	0.90	0.60	5.98	0.07	0.85	2.23	9.92	508.91***	180
BFSD	1.11	0.72	7.06	0.12	1.27	2.68	10.56	644.25***	180
PFMD	0.57	0.33	4.13	0.01	0.59	2.29	10.52	581.33***	180
PFSD	0.71	0.40	4.97	0.01	0.86	2.60	10.23	594.42***	180
GDP	4.93	4.16	13.34	2.14	2.24	1.60	5.28	115.54***	180
CZ	0.11	0.12	0.19	0.04	0.03	-0.28	3.02	2.32	180
CZH	0.58	0.56	0.94	0.36	0.12	1.15	4.16	49.69***	180
LN（TZ）	5.36	5.66	6.79	1.12	1.15	-1.65	6.06	151.81***	180

注：***表示在1%水平上显著。

由表5-2可以看出，各省份农村金融发展规模、农村金融机构从业人员分布密度和经济增长水平的标准差分别为4.50、7.43和2.24，说明各省份之间农村金融发展水平和农村经济增长水平均存在较大差异，因此有必要将全国分为东部、中部和西部地区，从而研究农村金融发展与农民增收关系的区域差异。同时，各个指标的偏度都不在0附近，峰度多数大于3，通过J-B统计量也可以看出，各指标均不服从正态分布，由图5-1也可以看出，各指标密度均

呈现出尖峰厚尾的特征。因此,本章通过面板分位数回归进一步研究不同分位
数水平上农村金融发展对于农民收入增长的影响。

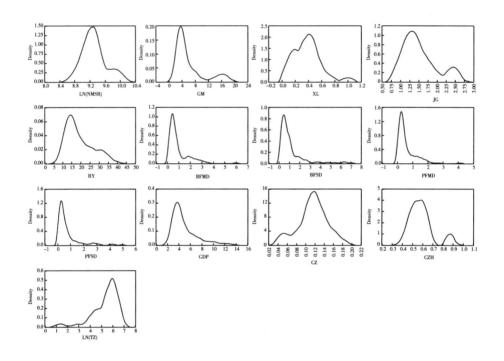

图 5-1　变量密度分布函数

5.4　农民增收与农村金融发展关系的实证分析

5.4.1　研究思路

为验证假说 1,本节通过对全国 30 个省份进行面板回归,从而解决以下
问题:农村金融发展是否影响农民收入的发展现状及发展变化,如何影响农民

收入的发展？二者之间存在怎样的关系和作用机制？农村金融发展能否促进农民收入增长？

为验证假说2，本节将全国分为东部、中部、西部和东北四个区域，分别进行面板回归，研究不同地区农民收入水平存在较大差异是不是由于农村金融发展存在较大差异引起的？不同地区农村金融发展对农民收入的影响及作用机制是否相同？

进而对实证结果进行分析，实证结果能够反映哪些问题？实证结果是否与假说相同？若实证结果与假说不同，本节将给出相应解释。

5.4.2　实证结果

为研究农村金融发展各变量对农民收入的影响，本节基于以上模型利用Eviews 10.0 计量软件进行面板回归。由于不同地区经济发展水平、地理位置以及国家政策扶持方面存在较大差异，本书将全国分为东部、中部、西部和东北四个区域，分别研究农村金融发展与农民增收之间的关系。面板回归估计结果如表5-3 所示。

表5-3　全国及区域层面面板回归估计结果

	全国	东部	中部	西部	东北
GM	0.018 *** (0.004)	0.001 (0.004)	0.068 *** (0.011)	−0.033 ** (0.014)	0.165 * (0.074)
XL	0.201 *** (0.058)	−0.287 *** (0.077)	0.100 (0.101)	−0.213 (0.152)	0.623 * (0.306)
JG	−0.151 *** (0.019)	0.163 ** (0.066)	−0.224 *** (0.050)	−0.223 *** (0.029)	−0.731 * (0.301)
RY	0.008 *** (0.001)	0.012 ** (0.005)	−0.008 ** (0.004)	0.017 *** (0.002)	−0.000 (0.004)
BFMD	−0.065 ** (0.030)	0.049 (0.065)	1.284 *** (0.084)	−0.100 * (0.050)	−0.040 (0.144)
BFSD	0.108 *** (0.032)	0.130 *** (0.038)	−0.777 *** (0.085)	0.159 ** (0.066)	0.080 (0.239)

	全国	东部	中部	西部	东北
PFMD	0.147***	0.272***	-0.267***	0.079	0.497
	(0.046)	(0.086)	(0.060)	(0.063)	(0.381)
PFSD	-0.206***	-0.303***	0.097**	-0.077	-0.784
	(0.050)	(0.067)	(0.047)	(0.083)	(0.565)
GDP	0.094***	0.087***	0.090***	-0.052**	0.316
	(0.006)	(0.008)	(0.019)	(0.023)	(0.203)
CZ	0.673*	-0.079	3.290***	-1.925***	0.003
	(0.386)	(0.456)	(0.454)	(0.509)	(2.396)
CZH	1.347***	-1.262***	-0.653**	2.492***	0.478
	(0.078)	(0.353)	(0.243)	(0.319)	(1.303)
TZ	0.097***	-0.015	-0.071***	0.101***	-0.213
	(0.003)	(0.021)	(0.015)	(0.018)	(0.176)
常数项	7.363***	9.365***	9.272***	7.933***	9.187***
	(0.109)	(0.360)	(0.121)	(0.172)	(1.132)
R^2	0.939	0.968	0.998	0.967	0.990
调整后的 R^2	0.935	0.960	0.997	0.955	0.965
F 值	215.103***	117.761***	843.1778***	82.32710***	40.14119***

注：*、**、***分别表示在10%、5%和1%水平上显著；表中括号内数字为对应变量的标准误。

由表5-3可知，在全国层面上，各变量对农民收入均具有显著影响。其中，农村金融发展规模、效率和农村金融机构从业人员分布密度对农民收入增长均具有显著的正向影响，而农村金融机构分布密度却对农民收入增长存在负向影响。基于利润最大化的经营目的，农村金融机构扮演着"吸储机"的角色，将农村居民的储蓄存款通过金融机构转移到城市中去，因此，农村金融机构数量的增加不会促进农民收入增加。关于农业保险对农民收入的影响有正有负，农业保险保费收入深度和农业保险赔付支出密度促进农民收入增长，而农业保险保费收入密度、农业保险赔款支出深度抑制农民增收。而四个控制变量对农民收入均存在显著的正向影响。

在区域层面上，东部和中部地区，农村金融发展各变量对农民收入的存在显著影响，而在西部和东北地区，农村金融发展各变量对农民收入的影响不显著，只有极少数变量对农民增收产生影响。

东部地区，农村金融发展规模对农民收入具有极小的正向影响，且不显著，农村金融发展效率却对农民收入增长产生较大的显著负向影响。农村金融机构分布密度和农村金融机构从业人员分布密度均能促进农民增收，但农村金融机构分布密度促进作用更大。农业保险保费收入密度对农民收入增长的作用不显著，农业保险保费收入深度、农业保险赔付支出密度对农民收入均存在显著的正向影响，农业保险赔付支出深度显著抑制农民增收。关于各控制变量的影响，经济增长对农民收入产生显著正向影响，而财政支农水平、城镇化和农村固定资产投资水平则具有负向影响，不过财政支农水平和农村固定资产投资水平的影响不显著，但城镇化对农民增收的抑制作用非常大。东部地区经济发展水平较高，其发展重心在于第二、第三产业，因此财政支农力度较小，农业对于农民收入的贡献程度也较低；而且城镇化水平越高，由于金融逐利性的特征，越多的资金和资源集中于城市，从而对农民收入的抑制作用也越大。

中部地区，农村金融发展规模对农民增收具有显著的正向影响，农村金融发展效率对农民增收的正向影响不显著，农村金融机构和农村金融机构从业人员分布密度对农民收入均具有显著的负向影响。农业保险对农民收入增长均存在显著影响，农业保险保费收入密度和农业保险赔付支出深度促进农民收入增长，而农业保险保费收入深度和农业保险赔付支出密度抑制农民收入增长。各控制变量对农民收入也具有显著影响，其中，经济增长水平和财政支农水平正向影响农民收入，城镇化水平和农村固定资产投资水平对农民收入具有负向影响。

西部地区，农村金融发展规模、效率和农村金融机构分布密度均抑制农民增收，但农村金融发展效率的影响不显著，而农村金融机构从业人员分布密度则显著促进农民增收。农业保险对农民收入的影响与全国层面类似，但农业保险赔付支出的影响不显著。关于控制变量，经济增长水平和财政支农水平对农民收入存在显著负向影响，而城镇化和农村固定资产投资水平则对农民收入存在显著正向影响。财政支农水平的负向影响和城镇化水平的正向影响都较大。

东北地区，农村金融发展规模、效率和农村金融机构分布密度对农民收入具有显著影响，其他变量的影响均不显著。其中，农村金融发展规模和效率对农民收入的影响为正，而农村金融机构分布密度的影响为负。

综上所述，农村金融发展基本上均能显著影响农民收入，且大多表现为促进作用，因此，应提高农村金融发展规模和效率，即将农村的存款最大限度地转化为农村贷款，取之于民、用之于民，提高农村的资源配置效率。我国幅员辽阔，地域差异明显，区域发展极不平衡，各地区无论是在资源禀赋还是经济社会条件方面均存在较大差异，因此，各地区农村金融发展对农民收入增长的影响也各不相同，为使农村金融更高效地促进农民增收，各地区应采取不同的政策手段，有针对性地发展农村金融，从而提高农民收入。

5.5　农民收入差异对农村金融发展能动作用的影响分析

5.5.1　研究思路

为验证假说3，本节通过在全国层面及区域层面分别构建面板分位数回归，研究农民收入差异对农村金融能动作用的影响，即在不同农民收入水平条件下，农村金融发展与农民增收的关系是否会发生变化？农村金融发展对农民增收的促进作用是否会随着农民收入水平的提高逐渐增大？不同地区农民收入差异对农村金融能动作用的影响存在何种差异？

进而对实证结果进行分析，实证结果能够反映哪些问题？实证结果是否与假说相同？若实证结果与假说不同，本节将给出相应解释。

5.5.2 全国层面农民收入差异对农村金融能动作用的回归结果

为研究不同收入水平上农村金融发展对农民收入的影响，本节选择10%、25%、40%、50%、60%、75%和90%这7个具有代表性的分位点进行面板分位数回归，结果如表5-4所示。

表5-4 全国层面面板分位数回归估计结果

解释变量	10%	25%	40%	50%	60%	75%	90%
GM	0.012 (0.008)	0.012 (0.010)	0.009 (0.011)	0.019 (0.011)	0.023** (0.010)	0.026*** (0.007)	0.030*** (0.007)
XL	0.054 (0.153)	0.097 (0.164)	0.102 (0.175)	0.213 (0.157)	0.218 (0.148)	0.255** (0.110)	0.334*** (0.110)
JG	−0.255*** (0.061)	−0.200*** (0.055)	−0.189*** (0.068)	−0.185** (0.075)	−0.112 (0.074)	−0.144** (0.072)	−0.081 (0.082)
RY	0.012** (0.005)	0.009* (0.005)	0.008* (0.005)	0.008* (0.004)	0.006 (0.004)	0.008** (0.003)	0.006 (0.004)
BFMD	−0.053 (0.049)	−0.061 (0.047)	−0.062 (0.058)	−0.064 (0.072)	−0.069 (0.075)	−0.101 (0.080)	0.003 (0.099)
BFSD	0.108** (0.051)	0.116** (0.045)	0.105* (0.059)	0.101 (0.065)	0.100 (0.071)	0.150* (0.078)	0.102 (0.085)
PFMD	0.146* (0.075)	0.145* (0.080)	0.144 (0.091)	0.181* (0.102)	0.187* (0.110)	0.199* (0.118)	0.040 (0.144)
PFSD	−0.206*** (0.078)	−0.215*** (0.077)	−0.189** (0.094)	−0.208** (0.103)	−0.218* (0.112)	−0.258** (0.123)	−0.173 (0.126)
GDP	0.089*** (0.009)	0.087*** (0.010)	0.078*** (0.012)	0.079*** (0.013)	0.081*** (0.013)	0.075*** (0.013)	0.070*** (0.023)
CZ	0.889 (0.775)	0.606 (0.697)	0.179 (0.743)	−0.062 (0.762)	0.116 (0.854)	−0.068 (0.829)	−0.366 (1.094)
CZH	1.405*** (0.309)	1.414*** (0.282)	1.414*** (0.326)	1.314*** (0.315)	1.344*** (0.330)	1.353*** (0.279)	1.148*** (0.401)

解释变量	10%	25%	40%	50%	60%	75%	90%
TZ	0.077***	0.085***	0.078***	0.085***	0.095***	0.113***	0.117***
	(0.021)	(0.022)	(0.026)	(0.025)	(0.023)	(0.018)	(0.021)
常数项	7.476***	7.480***	7.647***	7.621***	7.470***	7.424***	7.519***
	(0.248)	(0.256)	(0.335)	(0.307)	(0.337)	(0.260)	(0.360)

注：*、**、***分别表示在10%、5%和1%水平上显著；表中括号内数值为对应变量通过 bootstrap 得到的标准误，bootstrap 次数为 100 次，下文与此相同。

农村金融发展规模和效率对农民收入的影响，在低分位点不显著，高分位点显著为正。观察农村金融发展规模和效率不同分位点的系数值可以看到，随着分位点数的增加，其对农民增收的促进作用逐渐增加，比如，在 0.10 分位点，农村金融发展效率变动 1%，将引起农民收入增加 0.054%；在 0.50 分位点，农村金融发展效率变动 1%，将引起农民收入增加 0.213%；在为 0.90 分位点，农村金融发展效率变动 1%，将引起农民收入增加 0.334%。这说明，就不同分位点水平而言，在一定条件下，对于农民收入水平越高的地区，农村金融发展规模和效率对农民收入增长的促进作用越明显。农村金融机构分布密度对农民增收的影响为负，而农村金融机构从业人员分布密度对农民收入的影响为正，且两者均是在低分位点显著，高分位点不显著。究其原因，金融"嫌贫爱富"的逐利本性和金融机构基于利润最大化的经营目的，更多的是为高收入群体提供金融服务，而非低收入群体，因此当农民收入水平较低时，农村金融机构数量的增加对农民收入增长反而存在负向影响；而农村金融机构从业人员能够直接面对客户，使农村金融服务真正落实到农民身上，因此其数量的增加能够促进农民收入增长。

农业保险保费收入密度对农民收入增长存在负向影响，但不显著，而农业保险保费收入深度对农民收入增长的正向影响在低分位点和高分位点显著，中等分位数水平上不显著。农业保险赔付支出密度在大多数分位点上显著促进农民增收，而农业保险赔付支出深度则显著抑制农民增收。

控制变量方面，经济增长水平、城镇化水平和农村固定资产投资水平均显著促进农民收入增长，且随着分位点数的增加，经济增长水平和城镇化水平的影响振荡下降，而农村固定资产投资水平的影响逐渐上升。财政支农投入水平对农民收入在低分位点为正向影响，在高分位点为负向影响，但均不显著。

5.5.3 区域层面农民收入差异对农村金融能动作用的回归结果

东部地区，农村金融发展规模对农民收入在低分位点和高分位点处为正向影响，当农民收入处于中间水平时为负向影响，但均不显著。农村金融发展效率对农民收入的影响为负向，只有中间分位点处显著。农村金融机构分布密度和农村从业人员分布密度均促进农民增收，但只有农村金融机构分布密度的影响在中间分位点处显著。在农民收入水平较低时，保费收入密度对其为正向影响，随着农民收入水平的提高，逐渐转变为负向影响，但结果并不显著。保费收入深度和赔付支出密度促进农民收入增长，但均在低分位点处不显著，高分位点处显著。赔付支出深度对农民收入的影响不稳定，在高分位点处显著，而在低分位点处不显著。

中部地区，农村金融发展规模促进农民收入增长，但只有当农民收入水平位于10%水平上其影响显著。农村金融发展效率在低分位点促进农民增收，高分位点抑制农民增收，且均不显著。农村金融资源分布密度对农民收入增长均为负向影响，且不显著。农业保险保费收入密度和农业保险赔付支出深度对农民收入增长为正向影响，农业保险保费收入深度和农业保险赔付支出密度对农民收入为负向影响，但只有在50%分位点上，保费收入密度的影响显著。

西部地区，农村金融发展规模促进农民收入增长，但其影响只有在中分位点上显著，而农村金融发展效率在农民收入水平较低时为负向影响，随着农民收入水平的提高转变为正向影响，但结果并不显著。农村金融机构分布密度对农民收入增长存在负向影响，农村金融机构从业人员分布密度对农民收入增长存在正向影响，且两者均在低分位点处显著。在农民收入水平较低时，农业保险保费收入密度表现为正向影响，农业保险保费收入深度表现为负向影响，当农民收入水平较高时，两者对农民收入的影响作用则发生转变，且农业保险对农民增收的作用并不显著。

东北地区，农村金融发展规模、效率和农业保险赔付支出密度对农民收入有较大的促进作用，而农村金融机构分布密度和农业保险赔付支出深度则对农民收入表现为抑制作用。在农民收入水平的低分位点处，农村金融机构从业人员密度和农业保险保费收入密度为正向影响，在高分位点处，则转变为负向影响，农业保险保费收入深度的影响则正好相反。由表5-5也可以看出，东北地区农村金融发展对农民收入增长的影响均不显著。

表5-5　区域层面面板分位数回归估计结果

样本	变量	10%	25%	40%	50%	60%	75%	90%
东部	GM	0.023 (0.019)	0.009 (0.015)	-0.007 (0.012)	-0.005 (0.011)	-0.005 (0.009)	0.002 (0.009)	0.004 (0.009)
	XL	-0.001 (0.248)	-0.187 (0.221)	-0.375 * (0.196)	-0.343 * (0.183)	-0.331 * (0.173)	-0.269 (0.189)	-0.259 (0.187)
	JG	0.016 (0.187)	0.015 (0.168)	0.214 (0.136)	0.251 * (0.140)	0.228 * (0.132)	0.142 (0.113)	0.159 (0.096)
	RY	0.009 (0.016)	0.016 (0.015)	0.014 (0.012)	0.013 (0.012)	0.014 (0.011)	0.013 (0.012)	0.011 (0.011)
	BFMD	0.070 (0.171)	0.086 (0.151)	0.093 (0.131)	0.075 (0.134)	0.081 (0.133)	-0.083 (0.156)	-0.045 (0.181)
	BFSD	0.118 (0.123)	0.060 (0.111)	0.152 (0.093)	0.171 * (0.089)	0.169 * (0.086)	0.174 * (0.088)	0.171 * (0.086)
	PFMD	0.229 (0.231)	0.144 (0.196)	0.230 (0.164)	0.331 * (0.168)	0.318 * (0.173)	0.532 *** (0.185)	0.462 ** (0.196)
	PFSD	-0.320 (0.208)	-0.190 (0.187)	-0.341 ** (0.152)	-0.394 *** (0.144)	-0.390 *** (0.135)	-0.377 *** (0.130)	-0.364 *** (0.122)

样本	变量	10%	25%	40%	50%	60%	75%	90%
中部	GM	0.127* (0.071)	0.099 (0.067)	0.074 (0.061)	0.076 (0.057)	0.072 (0.058)	0.029 (0.054)	0.023 (0.051)
	XL	0.287 (0.523)	0.354 (0.535)	0.152 (0.443)	0.259 (0.446)	0.114 (0.458)	−0.271 (0.449)	−0.258 (0.430)
	JG	−0.176 (0.366)	−0.157 (0.357)	−0.206 (0.351)	−0.120 (0.332)	−0.129 (0.323)	−0.229 (0.358)	−0.133 (0.347)
	RY	−0.028 (0.039)	−0.023 (0.037)	−0.009 (0.032)	−0.012 (0.028)	−0.011 (0.027)	−0.003 (0.025)	−0.002 (0.025)
	BFMD	1.473 (0.939)	1.265 (0.883)	1.219 (0.846)	1.322* (0.756)	1.312 (0.796)	0.773 (1.065)	0.851 (1.108)
	BFSD	−1.044 (0.780)	−0.819 (0.760)	−0.767 (0.714)	−0.847 (0.609)	−0.917 (0.676)	−0.466 (0.881)	−0.524 (0.904)
	PFMD	−0.038 (1.533)	−0.165 (1.421)	−0.082 (1.263)	−0.158 (1.176)	−0.189 (1.283)	−0.313 (1.609)	−0.325 (1.719)
	PFSD	0.105 (1.149)	0.142 (1.074)	0.045 (0.946)	0.101 (0.869)	0.122 (0.942)	0.144 (1.201)	0.160 (1.273)
西部	GM	0.038 (0.032)	0.035 (0.031)	0.029 (0.030)	0.076** (0.036)	0.079* (0.040)	0.042 (0.048)	0.072 (0.054)
	XL	−0.272 (0.506)	−0.180 (0.404)	−0.229 (0.417)	0.511 (0.466)	0.517 (0.477)	0.463 (0.493)	1.013 (0.634)
	JG	−0.344** (0.146)	−0.201* (0.115)	−0.236* (0.121)	−0.179 (0.122)	−0.128 (0.114)	−0.084 (0.112)	−0.117 (0.112)
	RY	0.021** (0.009)	0.011 (0.008)	0.016* (0.008)	0.013 (0.008)	0.010 (0.008)	0.006 (0.006)	0.005 (0.006)
	BFMD	0.124 (0.150)	0.052 (0.145)	−0.119 (0.187)	−0.102 (0.169)	−0.038 (0.194)	−0.183 (0.226)	−0.157 (0.240)
	BFSD	−0.169 (0.196)	−0.069 (0.181)	0.175 (0.210)	0.125 (0.206)	0.060 (0.217)	0.217 (0.245)	0.181 (0.255)
	PFMD	−0.068 (0.180)	−0.036 (0.195)	0.088 (0.251)	0.065 (0.210)	−0.017 (0.235)	0.048 (0.266)	0.091 (0.285)
	PFSD	0.106 (0.223)	0.046 (0.244)	−0.146 (0.272)	−0.100 (0.254)	0.002 (0.264)	−0.075 (0.296)	−0.114 (0.300)

样本	变量	10%	25%	40%	50%	60%	75%	90%
东北	GM	0.128 (0.330)	0.128 (0.331)	0.128 (0.289)	0.124 (0.329)	0.308 (0.302)	0.239 (0.307)	0.239 (0.300)
	XL	0.588 (1.654)	0.588 (1.776)	0.588 (1.752)	0.557 (1.767)	0.861 (1.566)	0.509 (2.097)	0.509 (2.036)
	JG	-0.840 (3.157)	-0.840 (3.178)	-0.840 (3.174)	-0.837 (3.173)	-1.028 (3.171)	-1.180 (3.215)	-1.180 (3.193)
	RY	0.003 (0.039)	0.003 (0.039)	0.003 (0.039)	0.004 (0.039)	-0.002 (0.040)	-0.000 (0.042)	-0.000 (0.040)
	BFMD	0.031 (1.081)	0.031 (1.087)	0.031 (1.088)	0.027 (1.090)	-0.268 (1.144)	-0.233 (1.204)	-0.233 (1.158)
	BFSD	-0.026 (1.739)	-0.026 (1.751)	-0.026 (1.747)	-0.024 (1.758)	0.469 (1.795)	0.401 (1.913)	0.401 (1.853)
	PFMD	0.354 (3.016)	0.354 (3.032)	0.354 (2.982)	0.368 (3.048)	1.098 (3.005)	1.059 (3.100)	1.059 (3.072)
	PFSD	-0.562 (4.552)	-0.562 (4.563)	-0.562 (4.492)	-0.579 (4.578)	-1.730 (4.538)	-1.680 (4.632)	-1.680 (4.591)

注：限于篇幅，表5-5只报告了核心解释变量的检验结果。

综上所述，在不同收入水平条件下，农村金融发展规模能够促进农民收入增长，而农村金融发展效率在收入水平较低时为正向影响，收入水平较高时为负向影响。因此，农村地区应该继续完善农村金融基础设施，提高农村储蓄存款转化为农村贷款、运用于农业生产和投资的能力，扩大农村金融发展的规模并提高其效率。农村金融资源分布密度在收入水平较低时抑制农民增收，在收入水平较高时则促进农民增收。由于金融的逐利本性，当农民收入水平较低时，农村金融机构不愿意将钱放贷给农户，用于从事利润较低、成本较高的农村生产活动。农村金融机构扮演着"吸储机"的角色，将农村居民的储蓄存款转移到城市中，用于利润较高的工业生产和投资活动。因此，农村金融机构和农村金融机构从业人员分布密度的增加，不仅不能促进农民收入增长，反而抑制了农民增收。当农民收入水平较高时，为农户提供贷款的风险降低，农村金融机构则愿意为农户提供金融服务。农业保险包括农业保费收入和农业保险赔款支出，对农民收入增长的影响有正有负，并不稳定。农业收入在农民收入中占据非常大的比重，农业受到地理位置、气候条件等自然环境因素的影响，本身是非常脆弱的，而农业保险的存在则为农民的收入提供了一份保障，因此，应尽快完善农村保险制度，发挥其对农民收入的保障作用。

5.6　本章小结

本章在总结前人研究的基础上，基于柯布—道格拉斯生产函数的分析框架，提出了本章的基本计量模型，进而选取相关指标。考虑到数据的可得性，本章采用农村居民人均可支配收入作为被解释变量，选取农村金融发展规模、效率、农村金融资源分布密度，农业保险保费收入和农业保险赔付支出的密度和深度作为核心解释变量，衡量农村金融发展水平，并将经济增长水平、财政支农投入、城镇化水平和农村固定资产投资作为控制变量，以 2013~2018 年全国 30 个（剔除西藏）省份的数据作为样本，分别构建全国层面和区域层面的面板回归模型和面板分位数回归模型，深入分析农村金融发展对农民收入增长的影响。结果发现，在全国层面上，农村金融发展指标大多对农民收入增长存在显著的正向影响，且在农民收入水平较低时表现为负向影响，农民收入水平较高时表现为正向影响；在区域层面上，由于各地区的资源禀赋及社会经济条件不尽相同，农村金融发展各指标在东部、中部、西部和东北地区的影响也存在较大差异。总的来说，农村金融规模的扩大、效率的提高、农村金融资源分布密度的集中和农业保险的保障程度等农村金融基础设施越完善，其对于农民收入增长的促进作用也越大。

6 农村金融发展促进农民增收的问题总结与对策建议

6.1 农村金融发展促进农民增收存在的问题

6.1.1 农村金融组织体系不完善

一是政策性金融功能缺位。中国农业发展银行（以下简称农发行）是为"三农"发展提供支持的独家政策性金融机构，目前业务开展范围不够广泛，资金局限于粮棉油购销储等农副产品流通收购环节，而在农业综合开发、农村生态环境建设等方面投入相对较少，导致农发行对我国农业的宏观调控功能、农业技术支持功能没有得到充分发挥。同时，农发行运营资金大多依赖于央行再贷款以及发行金融债券，因此难以实现自身资金良好循环运转。此外，农发行在职人员较少，分支机构不多，最低级别机构只分布到县城，很难为农户提供便捷的金融服务。

二是民间金融发展缺乏规范引导。相较于正规金融，民间金融借贷门槛低，手续简便，利率协商灵活，可为我国农民生产生活解决部分资金需求。然而我国政府一直没有正式承认民间金融的合法地位，而且缺少相关法律法规文件来引导其良性发展。我国民间金融还没有完善的监督机制，使民间经济纠纷时有发生，一些民间金融机构变相从事高利贷，影响社会安定。

三是农业保险发展滞后。临江近海的省份是自然灾害的多发地，农业作为弱质产业，投入大、周期长、抗自然灾害风险能力差，这加大了农户对农业保险的需求。目前，我国农业保险发展仍处于起步阶段，经营机构较单一，市场占有率不高，从事政策性农业保险的公司不多，缺乏商业化的竞争，并且规模较小，业务覆盖面狭窄，不能很好地满足农户保险需求。另外，我国农业保险风险大、赔付比例高，政策性补贴依赖性强，增加了农业保险开办的难度。

6.1.2 农村资金流失现象较为严重

目前，我国的信贷资金投放集中在城市，农村地区相对较少，农村金融机构市场化经营趋势明显，受到资本"逐利性"影响，许多农村资金因为以下几种因素流出我国农村金融市场：

一是邮政储蓄转存款较低。广泛扎根于城乡各地的邮政储蓄分支机构，长期以来在我国农村地区"只存不贷"，并将吸收到的大量农村居民储蓄存款转存入人民银行，通过再贷款、再贴现等形式，注入城市金融市场中，从而加剧农村资金的流失。虽然近些年邮政储蓄银行已在农村市场开通小额信贷业务，但总体上信贷规模较小，金融产品单一，支农能力有限。我国邮政储蓄银行信贷余额占总资产的比例不高，依旧在我国农村金融市场扮演着"抽水机"的角色，导致农村资金不断流失。

二是国有商业银行分支机构资金上存。我国商业银行县级基层网点信贷放款权力很小，一些资产质量差的网点甚至没有授信权。此外，贷款申报审批流程较多，放款时效性较差，在一定程度上影响涉农贷款的正常使用。因此，大量银行存款转移到上级银行，最终被调离出农村市场，流向城市，只有很少一部分用于支持当地农村经济建设，造成农村金融机构支农资金不足。

三是农村信用社资金非农化。农村信用社（以下简称农信社）作为我国农村金融市场主体部分，商业性经营趋势越来越明显，相当一部分资金为了提高使用效益而投向非农领域。另外，农信社贷款利率高、贷款难，一定程度上降低了农户贷款意愿。我国农村资金流失以及使用的非农化，加重了农村金融市场资金供求矛盾，破坏了农村经济可持续发展的基础，从而不能为农民增收提供有效支持。

6.1.3 农村信用体系不健全，农村金融机构信贷风险偏高

长期以来，我国农村地区信用体系的建设一直没有得到足够的重视，并且在后期建设中困难重重，导致农村金融信用体系不健全，农村信用主体与农村金融机构之间存在严重信息不对称、不完全现象，从而提高了金融业务的风险，造成了农民贷款难和金融机构难贷款的"两难"问题，制约了农村金融健康发展，不利于农民收入的提高。具体表现在以下几个方面：

一是农户信用档案缺失。目前我国农村居民未建立统一的信用档案，信用等级评级制度仅对贷款者有约束，除了个别市区行政干预之外，对于那些没有贷款意愿的农民，他们参与信用评级的热情度不高。

二是农村诚信文化亟待完善。由于农村地区教育水平落后，农民信用意识欠缺，法律意识淡薄，造成了农村金融市场信用秩序混乱，诚信意识缺失，增加了我国农村金融信用体系建设的难度。

三是农民信用调查困难。我国农村基础设施建设薄弱，山村道路不畅、信息传递受阻，同时广大农村青壮年常年外出谋生计，人员流动量较大，县联社、省联社等农村金融机构对基层农户信息了解较少，并且调查成本很高（刘云生等，2010）。

四是农村信用担保服务缺失。我国农村地区信用基础薄弱，信用担保组织体系也不健全，目前还缺少相应的农村信用担保机构。另外，由于《中华人

民共和国担保法》规定耕地、宅基地、自留地等集体所有的土地使用权等不得用于抵押，使大多数农户因缺失有效抵押物而不能申请担保服务，这不仅影响了现有担保公司担保作用的发挥，还会造成农业信贷担保机构服务对象出现非农化趋势。

6.1.4 农村金融法制不健全

法律法规是保障社会经济健康发展的重要手段，然而在我国金融发展起步较晚，相关法制尚不健全，尤其是在广大农村地区，农村金融法律制度建设仍有很大改进的空间。

一是农村金融立法工作滞后。20世纪末，我国先后制定了《中华人民共和国人民银行法》《中华人民共和国商业银行法》《中华人民共和国证券法》《中华人民共和国保险法》等大量的金融法律法规。但是上述法律文件主要是规范城市金融活动，然而农村金融立法工作比较滞后。迄今为止，农信社作为我国重要的农村金融服务机构，其法律地位还处于模糊的状态，亟须对其性质进行合理定位；农发行缺少《政策性银行法》来明确其职能定位、业务范围和组织结构；非正规民间借贷和农业保险缺乏引导规范文件来对其实施法律保障。尽管后期金融监管机构也发布了《村镇银行管理暂行规定》《农户贷款管理办法》等行政规章及政策，可是法律效力有限，对于农村地区复杂的金融现状也不具备普适性。

二是农村金融重要法律制度不完善。首先，在农村金融主体法律制度上，相比于商业银行、证券公司、保险公司等金融主体，我国农村金融主体法律制度欠缺。例如对于市场准入方面，在农村金融机构的发起人数、注册资本等条件上设立了较高门槛，不利于农村金融多元化发展；另外，针对农村金融机构的市场退出的相关法律制度并不完善，目前主要根据《中华人民共和国商业银行法》《中华人民共和国企业破产法》进行清算、接管和退出，然而考虑到其在经营区域和服务对象的差异性，必须要建立具体专门的法律制度予以调整。其次，在农村金融业务法律制度上，现有农村金融立法工作偏向于银行业务，对于农业保险业务相关法律制度严重缺乏。农业生产周期长、风险高，保险公司根据现行《保险法》的相关涉农制度难以正常经营，从而不愿涉足农业保险。最后，在农村金融监管法律制度上，缺少针对农村金融机构监管法律文件，目前还是对照《商业银行法》进行。鉴于一些农村金融机构在组织形式和职能方面与其他商业金融机构不同，亟须出台《农村金融监管条例》等专业法律法规进行规范，同时还要出台相关法律制度防止基层行政部门对金融业务进行不恰当的干预，使金融市场配置功能被破坏。

三是农村金融法律制度实施效果不佳。目前，我国对规范经济主体信用行为的法律法规尚不完善，对失信人员惩戒制度尚不完备，很多农村经济主体诚信意识较差，最终导致农村金融信用环境不佳。主要表现在以下几个方面：农村金融债权的刑法保护力度不足；对于恶意逃废金融债务行为难以定罪；对非法金融交易的惩戒力度不够。另外在广大农村地区，农民受教育水平不高，法律风险意识淡薄，对一些法律概念含混不清，缺乏理解，自身维权意识薄弱，借贷双方容易引起不必要的经济纠纷。

6.2 农村金融发展促进农民收入提高的对策

6.2.1 深化农村金融改革，健全农村金融组织体系

加快现有农村金融机构的改革，构建多层次、多元化的农村金融组织体系是提高农民收入的有力保障。农村金融机构必须根据当地农村、农民和农业的生产生活的实际需要，实行切实可行的改革，促进商业性、合作性以及政策性农村金融机构协同运作，以满足农村金融市场多元化的需求。

（1）增加国有商业银行对农村发展的支持力度

国有商业银行资金实力雄厚，农村网点众多，在促进农村经济发展和提高农民收入中发挥重要作用，我们要积极建立商业银行对农村经济的服务机制，加大对农村发展的支持力度。要增设农业银行等商业银行县域和乡镇基层网点，与农信社形成合理竞争局面，充分利用农村生产要素，拓宽涉农业务种类，扩大金融服务范围，这样不仅便民，还有利于银行揽储，增强银行实力；强化商业银行金融支农的社会责任，利用自身雄厚的资金优势，增加对现代农业和乡镇企业的信贷资金投入比重，并给予一定贷款优惠，刺激农村金融消费，提高农民生产能力和生活质量水平，助力农村经济发展；此外，政府可采取营业税收减免、存贷利差补贴、促进银企合作等优惠政策，鼓励大型商业银行重返农村金融市场，支持"三农"发展，促进农民增收。

（2）充分发挥农村信用社支农主力军作用

我国是农业大省，农信社作为农村金融组织体系的主要组成部分，应该要立足于广阔的农村地区，满足农民金融服务的需要，强化金融支农的宗旨，进一步发挥农村金融主力军的作用。由于农村地区经济发展水平差异很大，农信社可根据当地经济发展的实际情况，制定出不同的农村金融扶持政策。针对农村落后地区，农信社可将扶贫开发作为支农工作重点，主要以个体农户弱势群体作为信贷服务对象，给予贷款优惠，提高农民收入，减少贫困现象。另外，还可配合当地政府部门，提升农村生产基础设施建设信贷资金的投入比重，帮助农民致富，提高生活质量；针对农村较发达地区，农信社金融服务致力于推动城镇化建设，扶持当地龙头企业，调整乡镇产业经济结构，促进农村居民参与就业，增加非农收入，带动村民集体致富。同时还要平衡好农信社"支农"与"盈利"的关系，在强化服务"三农"力度基础上，坚持股份合作制改革，明晰产权关系，在经营中注重绩效，并且增强对农信社资金的监管，减少政绩工程贷款和乡镇指令贷款的滥用，降低坏账率，提升信贷资金质量，这样才能更有效地投入农村金融事业。

（3）强化政策性银行的引导作用

农民收入较低，农业生产不稳定，风险较大，导致趋利避险的金融资金不愿投入农村市场，使农村经济发展缓慢。目前农发行的业务范围还局限于粮棉油购销储贷款，相对于完备的农林牧副渔产业结构，还不能满足农村市场发展的需求，因此，亟须拓宽自身经营业务范围，加强对农业发展的支持，充分发挥政策性银行的引导作用。对于农村建设投资周期长、投入高、回报少的公共项目，农发行要发挥政策性本质职能，主动投入资金支持，或引入商业化运作，牵头商业银行形成银团贷款，支持农业现代化建设，提高农村地区公共服务的水平，打通农民致富渠道。农发行运营资金主要依赖央行再贷款和发行金融债券，这两者融资利率均高于商业存款，因此政府可对其减免营业税收、利率补贴或直接财政拨款，来降低融资成本，实现自身资金循环运转。

（4）引导非正规金融机构规范发展

非正规金融机构在农村金融市场所占份额较小，但深处农村内部，具有顽强的生命力，在正规金融覆盖不到的偏远地区，发挥着重要的补充作用。引导非正规金融机构规范发展，促进与正规金融有效融合，发挥出各自比较优势，有利于完善农村金融组织体系，增加资金供给，助力农民增收。首先，政府部门要重视非正规金融机构的存在，根据其自身特点，对资金来源、利率水平、交易及还款方式进行规范，引导其朝规范化方向发展，同时要依法取缔非法金融活动；其次，适当降低成立门槛，容许合格的民间资本进入，以促进农村金融机构多元化发展，打破农村金融市场寡头垄断现象；同时要建立严格、完善的非正规金融监管机制和风险控制机制，对从业人员进行系统的培训，提高服务水平和风险意识，规避信贷活动中的风险；此外，对于资产规模、资产质量、业绩水平、风控体系和内部结构治理达到一定标准的非正规金融机构，政府可制定相关政策，帮助它转变为正规化的金融机构。

6.2.2　大力发展农业保险

大力发展农业保险尤其是政策性农业保险，可提高农民参保率，有效转移农业生产风险，保障农民的经营净收入。对于今后农业保险的发展，首先，要创新服务理念，丰富农业保险产品，满足农户防范农业风险的需求；其次，对于农业保险机构自身，要建立有效的风险分散机制，降低巨额赔偿压力；最后，政府部门要加大对农业保险发展的扶持，促进农业保险事业健康可持续发展。具体措施可从以下几方面改进：

（1）创新农业保险服务理念

创新服务理念是农业保险提质增效的重要途径，有利于将惠农支农政策落到实处，保障受保农户的生产生活。一方面，提升农业保险经办人员的服务水平，加强对员工的业务能力培训，在农户购买农业保险时，经办人员要积极与农户沟通，找准农户保险需求，必要时量身设计农险产品，并详细耐心讲解赔付比例、保险责任、免除责任，不坑骗、不敷衍，在农户受灾后，要第一时间赶往现场，给予精神安抚，并提高勘查定损效率，简化出险手续流程，缩短理赔时间，尽快帮助农户恢复生产经营，减少农户受灾损失。另一方面，创新农业保险和惠农政策的宣传方式，可采用村干部信息传播的方式，通过向学习能力较强的村干部讲解农业保险相关赔付比例、保险责任、补贴政策等知识，再让他们用农户能听得懂的话语向农户传达，提高宣传效率；同时，加强农业保险经理的实地考察，不仅可以强化农民对保险政策的认识，还可以拉近保险公司与农民之间的距离，增加亲切感；另外，充分利用媒体高效的传播方式，借助一些在农村地区收视率较高的节目，插播有关农业保险惠农信息以及参保农户实例赔付访谈，加强农户对农业保险政策的信任。

（2）丰富农业保险产品

我国地域辽阔，地形复杂，各地经济作物不同，农业发展差异大。考虑到农产品自身的弱质性和不确定性，农业保险机构要根据当地情况开发特色农业保险产品，积极试点农险新险种，提高农业保险的覆盖率，满足当地农户对农业生产风险管理的需求。另外，当把还需要引入新的农业保险机构。通过引入新的农业保险机构，激励保险产品创新，扩大受益范围，切实保障农民收入。

（3）建立农业保险风险分散机制

农民的生活、生产容易遭受极端天气、病虫害等因素的破坏，农业保险亟须建立政府引导、市场运作的有效风险分散机制。首先，构建农业保险再保险制度，建议政府出资成立政策性农业保险再保险公司，并出台相关法律规定，强制农业保险机构对其分保，从而分散转移农业风险；其次，设立农业保险巨灾"资金储备池"，可通过财政拨款、保险机构计提滚存等多渠道筹集，在赔付超过再保险限额或规定标准时定向使用，降低农业保险机构灾难性补偿压力；最后，探索资产证券化分散风险，在金融市场以及相关配套法律制度条件成熟时，可适时推出巨灾债券、天气指数期货、天气指数期权等金融工具，将农业保险风险分散到范围更大的资本市场中去，从而有效防范并化解农业巨灾风险资金短缺的问题。

（4）加大对农业保险的支持力度

农业保险作为高风险、高赔付率的准公共商品，其发展完全依靠市场化手段是比较困难的，还需要政府的适当参与和支持。第一，加大保费财政补贴力度，根据农产品种类、生产规模、农业风险高低等因素，制定差异化的补贴政策，有力推动农业保险"提标、扩面、增品"。第二，完善补贴绩效评价工作，坚持问题导向原则，动态监控政策落实和补贴资金使用情况，对评价对象绩效情况量化评分，公开、透明评价结果，明晰农业保险发展成效以及待完善的地方，增加投保农户获得感，并指引未来农业保险发展方向。第三，采取多种方式加大宣传教育，培养农民参保意识，了解补贴优惠政策，加强业务培训和队伍建设，协助农民风险防范。第四，重视农业保险基础设施建设，加大对气象、病虫害疫情监测，收集相关风险数据，给予农业保险机构税收优惠政策，降低农业保险机构业务经营成本，实现保险机构盈利和社会效益增加的双赢局面。

6.2.3 遏制农村金融资源流失，加强农村金融支农能力

（1）遏制农村资金外流

由于我国农村金融市场发展还不成熟，银行资金为了规避风险和追逐利润，通过各种渠道流出农村金融体系，扩大了农村金融资源缺口，导致农村经济发展缺乏后劲，抑制了农村居民收入的增长。对此，我们必须立足农村金融发展实际，并从长远的角度出发，采取一系列措施，建立资本回流机制，遏制农村资金外流。具体工作可从以下几个方面入手。

第一，建立邮政储蓄资金的回流机制。首先，改革邮政储蓄机构"只存不贷"的运营模式，出台相关法律法规，从制度上取消对邮政储蓄信贷业务上的限制，拓宽资金直接运用渠道，并提高新增储蓄存款投放农村市场的信贷比例。其次，降低或取消邮政储蓄对央行转存款的利率补贴，使之能够与其他银行公平合理竞争，从而激励金融产品创新，还可以适当减少邮政储蓄吸收存款在农村金融市场所占份额。最后，采取措施"回抽"邮政储蓄资金。一方面，允许邮政储蓄存款向农信社、农发银行和其他国有商业银行转存，通过商业性和政策性运作，投放到农村金融市场，推进新农村建设，帮助农民提高收入；另一方面，授权央行通过利率杠杆，将邮政储蓄转存款按比例以再贷款形式，反哺农村金融市场，提供给更多农民生产和生活使用，实现农村资金回流。

第二，控制商业银行资金上存规模。首先，通过存贷比例限定商业银行资金上存规模，同时降低商业银行资金上存的存款利率，使之低于同期定期存款利率水平，从而防止商业银行为获得高额无风险上存利息，而将从农村地区吸收的资金大量上存。其次，调整商业银行审批权力，使其信贷资金向农村倾斜，利用自身雄厚资金优势，为富农和农村龙头企业提供大额信贷支持。最后，加强人民银行对商业银行上存资金宏观管理，例如信贷政策窗口指导，引

导商业银行按照国家乡村振兴战略的发展规划，增加对农村尤其是欠发达乡村大型基础设施和生态文明建设信贷资金投入力度，从而让银行金融资源适当向农村地区倾斜，同时改善农民生产条件和生活环境，促进农民增收。

第三，提升农信社服务"三农"水平。以服务"三农"为宗旨的农村信用社，是农村金融市场的主力军，且有规模庞大的储蓄存款，要遏制存款资金使用非农化趋势，需要强化农信社服务"三农"水平，增强支农效果。首先，政府要帮助农信社消化历史包袱，核销坏账，盘活不良资产，使其轻装上阵；同时适当降低对农信社的营业税收和存款准备金率，增强农信社资金支农实力。其次，农信社要充分利用自身完备的基层机构服务网络，发挥贴近农户，了解农村信息的优势，精准把握农户小额贷款需求，扩大对中低收入农户的信贷投放比例，做到信贷资金"取之于民，用之于民"。最后，增加基层农信社资金运用自主权，拓宽农业信贷业务范围，以提高农信社资金使用效率，减少闲置资金，在保证对农户信贷充足的前提下，可参加用于农村基础设施建设的银团贷款，既减轻信贷资金投放压力，也减少了农村资金的流失。

（2）增加农村资金供给渠道

减少农村资金流失还只是在"止血"层面，要想解决好农村金融资源短缺问题，还需要对农村金融市场实施"输血"以及"造血"工程，也就是拓宽农村资金的供给渠道。这是今后农村金融发展的一个重点工作内容，具体措施可以从下面几点改进。

第一，拓宽政府投融资渠道。目前政府财政资金主要以支农贷款、贫困现金补贴等方式，流入农村金融市场，但尚不能满足农村经济发展对资金的需求，反而大量的补贴还会增加财政资金压力。另外，单一的投融资渠道，使筹集资金规模小，还不利于风险分散，甚至会引发地方债务问题。今后，政府应该积极拓宽农业投融资渠道，财政资金要更倾向于"三农"，加大对农业支持力度。例如，推动地方投融资平台建设，可使用财政拨款成立农业产业投资引导基金，打通信贷资金间接融资与直接融资的通道，并吸收社会各方资金，形成强大合力，引导流入农村金融系统。同时，还要加强对政府涉农资金的统筹、整合和管理，避免政府资金分散投入，导致一些项目重复建设，不利于资金效益最大化。

第二，引进外资，扩大农业投资规模。引进外商投资农业，可以为农业生产筹集资金，弥补农村金融市场资金短缺，还可以引进发达的生产和管理技术，提高农业现代化水平，从而推动农村经济发展，实现农民增收。首先，要优化农业利用外资环境，改善农村基础设施，尤其是完善农村道路、通信、供水、供电工程，满足基本生活条件，同时当地政府应提高服务意识以及办事效率，简化外商审批手续。其次，放宽境外金融机构市场准入限制，拓宽中外农村金融市场合作领域，增加外商涉农贷款业务种类，增加农村资金供给，可先在我国发达地区进行试点工作，条件成熟后再推向全国。最后，加大知识产权保护力度，保护外商投资合法权益，及时解决外商反映不公正现象，打造公平竞争环境。

第三，鼓励农民自主创业。就业是民生之本，鼓励农民自主创业可以整合农村各类生产资源，促使农村储蓄资金转化生产投资资源，增加农村资金供给渠道，同时通过创业带来更多的就业岗位，提高农民工资性收入，带动村民集体致富。首先，政府要积极营造良好的农民创业环境，重视乡土技术、乡土文化、乡土品牌的弘扬，给予农民创业者税收优惠、财政补贴等优惠政策，激发乡民创业激情。其次，设立农民创业基金，用于创业启动资金支持，并在农民创业成功后，给予一次性奖金鼓励。最后，建立农民创业人才培训体系，通过开设创业培训班，将其纳入"阳光工程"，加大培训力度，提高农民自主创业能力，再经过政策引导，基金扶持以及后期技术支持，促使农民进行规模化和专业化生产，向现代化农业迈进，创造出更多的财富。

6.2.4 改善农村金融生态环境，提高农村金融市场效率

（1）加快农村信用体系建设，净化农村金融信用环境

良好的社会信用环境，是金融机构为经济发展提供金融服务的基石。长期

以来，农户借贷主体诚信意识较差，信用状况不佳，导致农村金融市场信息不对称的现象严重，农村金融机构资产业务面临较高违约风险，资产安全性和收益性得不到保障，从而增加了金融服务机构运营成本，进而引发农民"贷款难"和"贷款贵"的问题，限制了农民收入的提高。对此，我们可以采取以下措施：

第一，规范评估标准，建立农户统一信用档案。由于我国各省份农村的地域发展情况不同，建议目前以市为单位，设立统一、规范、科学的信用评估标准。评估标准以客观指标为主，尽量减少人为主观因素，着重考察家庭经济收支、个人用款和个人还款情况，为农户信用评级和金融机构控制信贷风险提供依据。同时要成立权威信息采集机构，借助中国人民银行个人信用信息基础数据库系统，由专业人员采用严格的采集程序，严守信用信息"入口关"，再将收集到的信息通过农村信用信息评价平台进行评价和监测，最后形成统一的信用档案。对于农户信用档案中关于个人隐私、商业秘密、国家安全的重要信息，有必要改进信息保护措施。工作人员需要加强监督，把握好信用信息"出口关"，使其合理合法地被安全使用。

第二，加大宣传力度，提高农民信用意识。要加大信用知识的宣传力度，将信用文化深入人心，有效利用当地广播、电视台、互联网、报纸及宣传栏等媒介，加强对农民的信用宣传教育，建议地方政府联立金融机构共同开展"农村信用文化周"宣传活动，入村、入户普及金融机构业务和信息知识，并评选信用村和信用户；建立信用知识宣传长效激励机制，对信用级别高的农户，给予一定程度低息或免息贷款优惠，引导农户对信用价值的认识；借助九年义务教育，对农村中小学生进行信用知识案例宣讲，开展有关"诚信""信用"主题的征文和演讲活动，从小树立信用意识。

第三，完善农村信用担保体系。农村信用担保发展还属于起步阶段，需要政府大力扶持和引导。要在坚持市场化运作的前提下，进行适当的干预，健全信用担保机制，为农村经济借贷主体提供信用担保，解决"贷款难"

和"难贷款"问题,保障农村金融健康持续发展。一方面,政府应积极调整,补充和完善《担保法》和《物权法》等相关法律法规。要扩大农民可用担保物的范围,并根据农村信用担保市场出现的一些新情况,出台农业投资促进等方面的配套法律法规,为改善省农村担保体系打造良好外部环境。另一方面,要建立科学的农村信用担保内部控制制度,担保机构应建立风险保证金制度,并按比例从经营利润中累计坏账准备,及时弥补担保坏账亏损。此外,还需要构建配套的再担保风险预警系统,要对在保项目实时监测,对担保农户和企业进行风险动态控制,必要时寻求再担保,及时转移风险。

第四,充分发挥政府调控职能,加大失信惩罚力度。营造良好的农村金融信用环境,需要当地政府宏观调控职能的有效发挥。对此,要提升政府办公效率,增加对农村信用体系建设的重视度,并将其纳入政绩考核衡量指标,确保保质保量完成任务。一方面,政府要提高对农村地区信用环境建设的财政资金投入比例,改善农村交通、通信、卫生等基础设施建设,改善农村金融结算和清算系统,提高金融服务效率,降低金融机构营运成本,从而鼓励更多的金融机构进驻农村,为广大农民和中小企业提供便捷的金融服务。另一方面,政府要积极帮助农村金融机构清收不良贷款,保全信贷资产,加大对失信人员和失信行为的处罚力度,采取拉入失信人员"黑名单"、限制信贷、进行相应惩罚等措施进行依法打击,杜绝恶意逃废、抵赖债务行为的发生,使信用成为约束金融行为的有效措施。

(2)完善农村金融法律法规,优化农村金融法治环境

完善的金融法律制度,是金融机构为经济发展提供金融服务的保障。长久以来,省农村金融市场由于缺少良好的农村金融法治环境,从而不能持续良好、高效地发展,制约了金融支农作用的发挥。为了保障省农村金融可持续发展,建议从以下几方面建设农村金融法治环境。

第一,转变农村金融立法理念。目前有关金融的法律法规在立法理念上明

显偏向于城市金融，一些重要的农村金融法律制度缺失。农村金融体系的差异性和特殊性，需要有别于城市金融的法律制度设计，因此现有的金融法律法规不具备普适性，也不利于农村金融合理、高效地发展。对此，有必要转变农村金融立法理念。首先，要重视民间非正规金融的发展，根据农村熟人社会特征，农户之间生活中联系密切，且彼此信任，可为合作金融设立"合作金融法"，从法律层面承认其合法地位，并降低成立门槛，鼓励引导合格的民间资本流入农村金融市场，减少行业壁垒，从而为构建多元化农村金融体系创造制度条件。其次，鉴于农业保险发展缺少相关规范文件，可出台农业担保和农业保险方面的文件，扩大农民可用担保物的范围，鼓励建立农业保险机构，要在制度上引领农村金融主体多元化格局的形成。

第二，建立健全农村金融监管法律制度。现代金融属于法治金融，政府对金融市场监管权力的实现是由金融监管法律制度保障的。由于农村金融的脆弱性、低透明性和高风险性，需要加以严格监管，并在监管对象、方式、内容上具有一定差异性。首先，建立农村金融主体监管法律制度，对农村金融机构的市场准入、运营以及退出进行适时动态监管，并出台配套法律实施细则，增加监管可操作性。其次，建立省农村金融风险预警制度，加强对不良贷款率的监管，建立一套科学完整的农村金融风险识别、预警和评估方法体系，防范农村金融风险的发生。此外，还需要建立对地方政府以及农村金融监管者的监管法律制度，以防利益关联，避免寻租现象的出现。

第三，加大农村金融司法保障力度。为防范广大农村地区行政权力对金融市场不当干预，增强对农村金融投资、债权和消费者的保护，需要加强对农村金融的司法保障力度：加大司法求助范围和力度，切实保障金融借贷双方的合法权益，积极帮助金融机构清收不良贷款，保证农村金融债权得到即时清偿，积极安稳地采取财产保全措施；加强法制宣传教育，增强参与预防和化解金融危机的责任感，及时启动诉讼程序，开辟诉讼渠道，解决好农村金融案件立案难、审理难和执行难的问题，最大限度地发挥诉讼对经济纠纷的化解能力；加大执法工作力度，严厉打击非法集资、放高利贷、暴力催收等金融犯罪活动以及恶意逃废抵赖债务行为，探索建立司法部门与金融机构的联动机制和应急机制，提高审判、执行人员业务水平，提高司法服务效率，为农村金融发展创造良好的司法环境。

参考文献

［1］ Arestis P，Caner A. Financial Liberalization and Poverty：Channels of Influence ［R］. New York：The Levy Economics Institute of Bard College，2004.

［2］ Banerjee A V，Newman A F. Occupational Choice and the Process of Development ［J］. Journal of Political Economy，1993，101（2）：274-298.

［3］ Beck T，Levine R，Loayza N. Finance and the Sources of Growth ［J］. Journal of Financial Economics，2000，58（1-2）：261-300.

［4］ Burgess R，Pande R. Do Rural Banks Matter? Evidence from the Indian Social Banking Experiment ［J］. The American Economic Review，2005，95（3）：780-795.

［5］ Clarke G R G，Xu L C，Zou H F. Finance and Income Inequality：What Do the Data Tell Us? ［J］. Southern Economic Journal，2006，72（3）：578-596.

［6］ Denison E F. The Sources of Economic Growth in the United States and the Alternatives before Us ［J］. The Economic Journal，1962，72（288）：935-938.

［7］ Dollar D，Kraay A. Growth is Good for the Poor ［J］. Journal of Economic Growth，2002，7（3）：195-225.

［8］ Galor O，Zeira J. Income Distribution and Macroeconomics ［J］. The Review of Economic Studies, 1993, 60 (1): 35-52.

[9] Geda A, Shimeles A, Gurara D Z. Finance and Poverty in Ethiopia: A Household Level Analysis [R] . Helsinki: World Istitute for Development Economic Research (UNU-WIDER), 2006.

[10] Goldsmith R W. Financial Structure and Development [M] . New Haven: Yale University Press, 1969.

[11] Greenwood J, Jovanovic B. Financial Development, Growth, and the Distribution of Income [J] . Journal of Political Economy, 1990, 98 (5) : 1076-1107.

[12] Gurley J G, 45 Shaw E S. Financial Aspects of Economic Development [J] . The American Economic Review, 1955, 45 (4) : 515-538.

[13] Jappelli T, Pagano M. The Welfare Effects of Liquidity Constraints [J] . Oxford Economic Papers, 1999, 51 (3): 410-430.

[14] Jeanneney S G, Kpodar K. Financial Development and Poverty Reduction: Can There be a Benefit without a Cost? [J] . The Journal of Development Studies, 2011, 47 (1): 143-163.

[15] King R G, Levine R. Finance, Entrepreneurship and Growth Theory and Evidence [J] . Journal of Monetary Economics, 1993, 32 (3) : 513-542.

[16] Koenker R. Quantile Regression for Longitudinal Data [J] . Journal of Multivariate Analysis, 2004, 91 (1): 74-89.

[17] Levine R, Zervos S. Stock Markets, Banks, and Economic Growth [J] . The American Economic Review, 1998, 88 (3): 537-558.

[18] McKinnon R I. Money and Capital in Economic Development [M] . Washington DC: Brookings Institution Press, 1973.

[19] Patrick H T. Financial Development and Economic Growth in Under Developed Countries [J] . Economic Development and Cultural Change, 1966, 14

（2）：174-189.

［20］Ponomareva M. Quantile Regression for Panel Data Models with Fixed Effects and Small T：Identification and Estimation ［R］. Evanston：Northwestern University，2010.

［21］Rajan R G，Zingales L. Financial Dependence and Growth ［R］. NBER Working Paper，1996.

［22］Schumpeter J A. The Theory of Economic Development ［M］. Cambridge：Havard University Press，1912.

［23］Shaw E S. Financial Deepening in Economic Development ［J］. The Economic Journal，1974，84（333）：227-228.

［24］Tiwari A K，Shahbaz M，Islam F. Does Financial Development Increase Rural-Urban Income Inequality? Cointegration Analysis in the Case of Indian Economy ［J］. International Journal of Social Economics，2013，40（2）：151-168.

［25］陈翠. 我国农村金融发展趋势研究 ［J］. 农业经济，2017（10）：134-136.

［26］陈雷生. 中国农村金融对农村经济发展的影响——基于农业经济发展和农民增收的视角 ［J］. 吉林农业大学学报，2014，36（6）：742-747.

［27］陈亮，陶冶. 中国农村二元金融发展对农民收入影响的再考察——基于正规金融与非正规金融视角 ［J］. 财经理论与实践，2017，38（1）：42-48.

［28］陈亮，杨向辉. 农村金融的区域差异影响因素及政策分析 ［J］. 中国特色社会主义研究，2018（3）：42-50.

［29］陈明. 农村金融服务视角下我国农民增收研究 ［J］. 经济研究参考，2017（34）：77-82.

［30］陈骐. 互联网+背景下我国农村金融改革与发展策略 ［J］. 农业经济，2016（12）：127-129.

［31］陈乙酉，付园元．农民收入影响因素与对策：一个文献综述［J］．改革，2014（9）：67-72.

［32］陈银娥，金润楚．我国农村金融扶贫效率的区域差异及空间分布［J］．福建论坛（人文社会科学版），2018（4）：28-38.

［33］邓恩，左芊，温佐．湖南农村金融业发展对农民收入增长影响的VAR分析［J］．湖北社会科学，2015（2）：74-81.

［34］丁文恩．农民收入增长的新途径——赋权于民［J］．农业经济，2011（1）：64-67.

［35］杜婕，霍焰．农村金融发展对农民增收的影响与冲击［J］．经济问题，2013（3）：97-102.

［36］杜金向，董乃全．农村正规金融、非正规金融与农户收入增长效应的地区性差异实证研究——基于农村固定点调查1986-2009年微观面板数据的分析［J］．管理评论，2013，25（3）：18-26.

［37］杜晓山．小额信贷的发展与普惠性金融体系框架［J］．中国农村经济，2006（8）：70-73+78.

［38］傅鹏，张鹏．农村金融发展减贫的门槛效应与区域差异——来自中国的经验数据［J］．当代财经，2016（6）：55-64.

［39］高凡修．农村金融影响农民增收机制及其异化效应研究［J］．理论探讨，2016（5）：100-104.

［40］韩俊．建立普惠型的农村金融体系［J］．中国科技投资，2010（3）：49-50.

［41］韩俊．制约农民收入增长的制度性因素［J］．求是，2009（5）：35-36.

［42］韩楠．乡村振兴战略中农村金融发展存在的问题及对策［J］．农业经济，2019（5）：90-92.

［43］侯在坤，曹葳蕤，高越，等．人力资本投入对农民收入的影响研

究——基于中国家庭追踪调查数据的实证分析［J］. 林业经济，2020，42（12）：3-11.

　　［44］胡帮勇，张兵. 农村金融发展对农民增收的支持效应分析——基于收入结构的视角［J］. 经济与管理研究，2012（10）：56-63.

　　［45］胡兵，乔晶. 农民收入区域差异影响因素的实证分析与判断［J］. 社会科学研究，2005（5）：76-80.

　　［46］华志远. 农村金融发展与农民收入关系研究——基于山东省1978-2012年数据的实证研究［J］. 金融理论与实践，2013（12）：46-50.

　　［47］黄邦根. 我国农民收入增长缓慢的原因与对策分析［J］. 农村经济，2010（10）：37-40.

　　［48］黄成，张荣. 新常态下农村金融发展困境与突破［J］. 新金融，2016（11）：37-40.

　　［49］黄丹. 新时期增加农民收入的路径分析［J］. 农业经济，2012（5）：51-53.

　　［50］黄寿峰. 财政支农、金融支农促进了农民增收吗？——基于空间面板分位数模型的研究［J］. 财政研究，2016（8）：78-90.

　　［51］纪敏. 农村金融改革的创新［J］. 中国金融，2017（20）：27-29.

　　［52］贾立. 中国农民收入影响因素的实证分析［J］. 四川大学学报（哲学社会科学版），2015（6）：138-148.

　　［53］姜长云. 中国农民增收现状及其中长期影响因素［J］. 经济与管理研究，2013（4）：5-13.

　　［54］姜增明，李昊源. 农村金融发展、城镇化与城乡收入差距探讨——基于中国省级动态面板数据模型的视角［J］. 现代管理科学，2015（8）：79-81.

　　［55］蒋远胜，徐光顺. 乡村振兴战略下的中国农村金融改革——制度变迁、现实需求与未来方向［J］. 西南民族大学学报（人文社科版），2019，40

（8）：47-56.

［56］荆菊．互联网金融背景下农村金融转型发展研究［J］．农业经济，2020（5）：116-117.

［57］孔凡斌，陆雨，许正松．农村金融发展的减贫效应及其影响机理——基于江西省 1990-2016 年统计数据的分析［J］．企业经济，2019，38（3）：154-160.

［58］蓝海涛，王为农，涂圣伟，等．新常态下突破农民收入中低增长困境的新路径［J］．宏观经济研究，2017（11）：128-138.

［59］雷明波，刘海军．我国农村金融发展与农民收入增长实证分析［J］．地方财政研究，2014（8）：61-66.

［60］李德荃．中国地级市金融业的发展对农民增收的影响——以山东省 17 地市为例［J］．山东社会科学，2018（12）：36-46.

［61］李明贤，叶慧敏．我国农村金融发展与农民收入增长的实证研究［J］．江西财经大学学报，2014（4）：88-97.

［62］李清亮．对农民增收问题的理论分析及政策建议［J］．宏观经济管理，2009（3）：42-45.

［63］李泉，王萌萌．甘肃省农村金融发展与农民收入关系实证研究［J］．开发研究，2012（4）：35-38.

［64］李泉，张涛．中国农村金融发展 70 年：演变逻辑与现实选择［J］．金融发展研究，2020（1）：74-79.

［65］李伟．农民增收问题研究综述［J］．经济研究参考，2017（66）：51-63.

［66］李文启．中国农村金融发展水平的区域差异研究［J］．农村经济，2014（7）：74-78.

［67］李先玲，王彦．基于农民收入结构对比的农村劳动力转移地区差异分析［J］．商业时代，2012（22）：12-14.

［68］李向阳．信息通信技术、金融发展与农村经济增长——基于县域面板数据的经验证据［J］．社会科学家，2015（6）：68-72.

［69］李晓龙，郑威．农民收入影响因素的理论、实证与对策［J］．中国农业资源与区划，2016，37（5）：90-95.

［70］刘海燕，杨士英．我国农业供给侧结构性改革视野下农村金融的发展方略研究［J］．农业经济，2018（8）：101-103.

［71］刘宏霞，汪慧玲，谢宗棠．农村金融发展、财政支农与西部地区减贫效应分析——基于面板门槛模型的研究［J］．统计与信息论坛，2018，33（3）：51-57.

［72］刘金全，徐宁，刘达禹．农村金融发展对农业经济增长影响机制的迁移性检验——基于 PLSTR 模型的实证研究［J］．南京农业大学学报（社会科学版），2016，16（2）：134-143+156.

［73］刘赛红，李朋朋．农村金融发展的空间关联及其溢出效应分析［J］．经济问题，2020（2）：101-108+129.

［74］刘玉春，修长柏，贾凤菊．中国农村金融发展与农民收入增长的实证分析［J］．农村金融研究，2016（2）：63-67.

［75］刘玉红．我国农村金融发展与农民增收关系探讨［J］．农业经济，2015（12）：97-99.

［76］刘云生，等．农村金融与反贫困——理论，实证与政策［M］．北京：经济科学出版社，2010.

［77］龙云飞，陶睿，杨慧．四川农村金融深化与农民收入增长的灰色关联分析［J］．开发研究，2013（2）：125-128.

［78］陆彩兰，洪银兴．江苏省农村金融发展与农民收入结构分析［J］．商业研究，2013（6）：181-187.

［79］吕勇斌，纪倩倩．中国农村金融排斥区域差异的空间效应分析［J］．湖北农业科学，2014，53（19）：4745-4750.

［80］马轶群．农产品贸易、农业技术进步与中国区域间农民收入差距［J］．国际贸易问题，2018（6）：41-53.

［81］潘海英，宋焕，胡旸阳，等．长三角地区农村金融发展对农民收入增长影响研究［J］．财贸研究，2013，24（5）：46-54.

［82］彭清华，李晖．货币调控、金融发展与农村经济增长［J］．湘潭大学学报（哲学社会科学版），2015，39（3）：75-78+90.

［83］平新乔，李淼．资源禀赋、收入分配与农村金融发展的关联度［J］．改革，2017（7）：137-150.

［84］邵国华，吴有云．我国农村金融抑制成因及对策探讨［J］．理论探讨，2015（6）：82-85.

［85］申健．我国农村金融体系发展的现状及展望［J］．湖北民族学院学报（哲学社会科学版），2016，34（2）：40-44.

［86］舒银燕．构建增加农民收入的长效机制［J］．开放导报，2011（2）：109-112.

［87］斯琴塔娜．从西部七省区看农村金融对经济发展的影响［J］．国家行政学院学报，2018（4）：115-120+151.

［88］宋坤，刘丹，臧郭刚，等．金融支持、农业发展与农民增收［M］．成都：西南财经大学出版社，2018.

［89］宋震宇，黄强，陈昭玖．规模经营、分工深化与农业生产率——基于江西省水稻种植户的经验证据［J］．湖南农业大学学报（社会科学版），2020，21（3）：17-25.

［90］苏静，胡宗义，朱强．中国农村非正规金融发展的收入效应——基于东、中、西部地区面板数据的实证［J］．经济经纬，2013（3）：31-35.

［91］苏静．中国农村金融发展的减贫效应研究［M］．北京：经济科学出版社，2017.

［92］孙同全，潘忠．新中国农村金融研究70年［J］．中国农村观察，

2019（6）：2-18.

　　[93] 孙玉奎，周诺亚，李丕东．农村金融发展对农村居民收入的影响研究 [J]．统计研究，2014，31（11）：90-95.

　　[94] 谭崇台，唐道远．农村金融发展与农村经济增长——基于全国31个省市的空间计量模型检验 [J]．江汉论坛，2015（1）：5-10.

　　[95] 田霖．区域金融综合竞争力的聚类分析与金融资源的优化整合 [J]．金融理论与实践，2006（2）：16-18.

　　[96] 田璐．供需视角下的农村金融发展对策 [J]．农业经济，2019（9）：122-123.

　　[97] 王朝才，胡振虎．新时期农民增收对策研究 [J]．财政研究，2010（2）：65-68.

　　[98] 王承宗．中国农民收入增长结构变迁的动态分析 [J]．河南农业大学学报，2014，48（1）：91-94.

　　[99] 王德文，程杰，赵文．重新认识农民收入增长的源泉 [J]．云南财经大学学报，2011，27（1）：34-45.

　　[100] 王宏，王溪洁．农民增收主要影响因素的实证分析 [J]．求是学刊，2011，38（2）：58-62.

　　[101] 王留鑫，洪名勇．内生增长模型视角下人力资本对农民收入增长的影响 [J]．统计与决策，2016（23）：110-112.

　　[102] 王敏芳．基于内生增长随机 AK 模型的农村金融发展研究 [J]．统计与决策，2015（13）：136-138.

　　[103] 王淑英，孙冰，秦芳．基于空间面板杜宾模型的农村金融发展与农村经济增长关系研究 [J]．中国农业资源与区划，2016，37（9）：196-204.

　　[104] 王希元，杨璐．人力资本、物质资本财政支出与经济增长——基于内生增长理论的分析 [J]．财经理论研究，2016（2）：59-65.

［105］王秀云，王力．微型金融的可持续发展［J］．中国金融，2012
（19）：82-83．

［106］温涛，何茜，王煜宇．改革开放40年中国农民收入增长的总体格局与未来展望［J］．西南大学学报（社会科学版），2018，44（4）：43-55+193-194．

［107］温涛，冉光和，熊德平．中国金融发展与农民收入增长［J］．经济研究，2005（9）：30-43．

［108］温涛，田纪华，王小华．农民收入结构对消费结构的总体影响与区域差异研究［J］．中国软科学，2013（3）：42-52．

［109］温涛，王佐滕．农村金融多元化促进农民增收吗？——基于农民创业的中介视角［J］．农村经济，2021（1）：94-103．

［110］吴常宝．我国农村金融发展与农村经济增长的相关分析——基于帕加诺模型的实证检验［J］．环渤海经济瞭望，2020（4）：156．

［111］吴信英．我国农村金融服务与农民收入关系的实证分析［J］．农村金融研究，2017（5）：52-57．

［112］吴永兴，唐青生．西部地区农村金融与农村经济协调发展研究——基于2001~2010年数据的实证分析［J］．云南财经大学学报，2013，29（2）：80-87．

［113］奚桂前，胡元林．我国农村金融发展与反贫困绩效研究——基于2012-2017年的经验数据［J］．湖北社会科学，2019（4）：74-80．

［114］夏秀梅．贫困地区农村金融发展的收入分配效应研究［J］．农业经济，2017（4）：102-103．

［115］肖兰华，施泉生，杨刚．农村金融发展对农村经济的动态影响测度——基于弹性系数分析方法［J］．江汉论坛，2016（1）：30-35．

［116］谢金楼．农村金融发展对城乡收入差距的影响：机制模拟与实证检验［J］．经济问题，2016（2）：103-110．

［117］谢玉梅，徐玮．农村金融发展对我国农民收入增长影响实证研究——基于2006-2011年的经验数据［J］．湖南大学学报（社会科学版），2016，30（5）：89-94.

［118］徐仲昆．VEC模型下农村金融发展与居民收入增长互动关系实证分析［J］．商业经济研究，2015（29）：42-43.

［119］薛晨，袁永智．我国农村金融与农村经济发展关系剖析——基于河南省实证数据的结构方程模型［J］．金融理论与实践，2018（2）：60-64.

［120］杨刚，管福泉，蔡选超，等．中国农村金融发展对农民收入增长的动态影响研究——基于状态空间模型的实证检验［J］．金融与经济，2014（12）：7-11+42.

［121］杨楠．现阶段我国农民增收问题探析［J］．理论与改革，2013（4）：118-120.

［122］杨盛琴．构建农民收入增长与农村金融发展良好互动的金融生态环境［J］．农业经济，2014（10）：102-104.

［123］杨向飞，翟彬．对我国农民增收问题的现状分析及政策建议［J］．经济问题，2010（11）：75-79.

［124］杨义武，林万龙．农业技术进步的增收效应——基于中国省级面板数据的检验［J］．经济科学，2016（5）：45-57.

［125］杨玉敬．发展农村金融与农民增收困境之谜——不同农业经营模式下农村融资机制绩效的比较分析［J］．财会月刊，2012（9）：34-36.

［126］姚寿福．农地规模经营、专业化与农业绩效［J］．农村经济，2012（3）：28-31.

［127］张德华．金融支持、规模经营与黑龙江省农民增收［M］．北京：中国财富出版社，2016.

［128］张红宇．新常态下的农民收入问题［J］．农业经济问题，2015，36（5）：4-11.

[129] 张宽，邓鑫，沈倩岭，等．农业技术进步、农村劳动力转移与农民收入——基于农业劳动生产率的分组 PVAR 模型分析［J］．农业技术经济，2017（6）：28-41．

[130] 张荣．我国农村金融发展存在的问题与改革路径探寻［J］．农村金融研究，2017（10）：45-48．

[131] 张荣．我国农村金融发展对农民收入增长的影响研究——基于2003—2014 年数据的实证分析［J］．技术经济与管理研究，2017（2）：119-123．

[132] 张士斌，孙小兵，李晓瑜．多种要素对农民收入增长影响的研究［J］．经济问题探索，2011（6）：69-72．

[133] 张婷婷，李政．我国农村金融发展对乡村振兴影响的时变效应研究——基于农村经济发展和收入的视角［J］．贵州社会科学，2019（10）：159-168．

[134] 张正平，李玟琛，赵红．"互联网+"背景下我国农村金融发展的若干思考［J］．农村金融研究，2017（8）：25-30．

[135] 张志新，林立，黄海蓉．农业技术进步的农民增收效应：来自中国 14 个农业大省的证据［J］．中国科技论坛，2020（8）：138-147．

[136] 赵洪丹，赵宣凯，丁志国．农村金融创新与农村经济发展——基于2000-2015 年吉林省县级面板数据的分析［J］．中国农业大学学报，2019，24（12）：215-228．

[137] 赵健兵，张宽，刘胜．对农村金融与农业经济增长关系的再检验——基于行业细分的视角［J］．农村金融研究，2016（9）：64-68．

[138] 钟润涛，马强．农村金融发展、农业劳动力转移与农民增收［J］．江苏农业科学，2017，45（9）：271-276．

[139] 周立．中国农村金融体系的政治经济逻辑（1949~2019 年）［J］．中国农村经济，2020（4）：78-100．

[140] 周泽炯，马艳平．区域视角下我国农村金融发展差异及影响因素研究 [J]．华东经济管理，2016，30（7）：100-106.

[141] 周泽炯，王磊．农村金融发展对城乡居民收入差距的影响效应分析及其检验 [J]．农村经济，2014（10）：49-53.

[142] 朱德莉．我国农村金融发展对农民收入增长的影响研究——基于协整检验和 VEC 模型的实证分析 [J]．农村经济，2014（11）：92-97.